ASANTE TWI
Dictionary & Phrasebook

ASANTE TWI
Dictionary & Phrasebook

Asante Twi–English /
English–Asante Twi

Hippocrene Books, Inc.
New York

For information, address:
Hippocrene Books, Inc.
171 Madison Ave.
New York, NY 10016
www.hippocrenebooks.com

Cataloging-in-Publication Data available from the Library of Congress.

ISBN-13: 978-0-7818-1329-7
ISBN-10: 0-7818-1329-8

Printed in the United States of America.

CONTENTS

INTRODUCTION

The Akan language is spoken by the Akan people of Ghana who live in the central and southern parts of the country, with some Akan-speakers spreading into parts of Ivory Coast. Akan-speakers represent the majority in Ghana. In fact, according to the Population and Housing Census of 2000, 49.1% of the population in Ghana identified themselves as native Akan-speakers.

There are several dialects of Akan, varying among populations in different parts of Akan territory. These are Agona, Kwahu, Brong (Bono), Wassa, Asante, Akuapem, and Fante. However, only Asante, Akuapem, and Fante have gained literary status.

Collectively, Asante and Akuapem are referred to as "Twi," and are differentiated as Asante Twi or Akuapem Twi. This guide uses **Asante Twi**.

GRAMMAR

How to construct a sentence in Asante Twi

A sentence in Asante Twi can have a **subject**, a **verb**, and an **object.** Sometimes a sentence may be constructed without a verb, but it will still make sense.The subject in a sentence is generally the person or thing carrying out an action. The object in a sentence is involved in an action but does not carry it out; the object comes after the verb.

1. Present tense
The present tense form of a Twi sentence should have a subject, an object, and sometimes a verb.

> Example 1: Kofi rebɔ bɔɔl.
> > *Kofi is playing football.*

> In this sentence Kofi is the **subject**, rebɔ is the present continuous **verb**, and bɔɔl is the **object**.

> Example 2: Kofi yare.
> > *Kofi is sick.*

> In this sentence, Kofi is the **subject**, yare is an **adjective.** There is no verb in this sentence but it
still makes sense.

2. Past tense
When forming past tense in Twi, the verb is stretched to serve as reference.

> Example 1: Kofi bɔɔ bɔɔl.
> > *Kofi played ball.*

> Kofi is the **subject**, bɔɔ is the **verb**, bɔɔl is the **object**. The tone of the verb is stretched to indicate it
is a past tense.

When a verb is not used, the letter 'a' is added to the object.

Example 1: Kofi ayare.
Kofi was sick.

Example 2: Kofi adidi.
Kofi has eaten.

3. Future tense
When forming future tense in Twi, the word "bɛ" is equivalent to the English "will", and is added to the verb or object where necessary.

Example: Kofi bɛ bɔ bɔɔl.
Kofi will play ball.

Kofi is the **subject**, bɛ is the future continuous **verb**, and bɔɔl is the **object**.

ASANTE TWI–ENGLISH
DICTIONARY

A

a-kyi [e-chi] after
aah [aah] (*interj.*) well
aane [aa-ni] yes
aba [a-ba] seed
abaawa [a-baa-wa] maid
aban [a-ban] government, senate
aban dwumadie [a-ban jwu-ma-die] consulate
abarimaa [a-be-ri-maa] boy
abaso bɔ deɛ [a-ba-so bo die] prize
abati [a-ba-ti] shoulder
abatoɔ [a-ba-tour] election
aben a ɛbɔ nkaeɛ [a-ben-a ebo n-ka-ye] siren
abɛɛfo afidie badwenma [a-bee-fo afi-die ba-jwima] computer
abɛɛfo tɛni [a-bee-fo te-ni] flashlight
abirabɔ [a-bi-ra-bo] opposite
abisa [a-bi-sa] (*n.*) demand
aboa [a-boa] animal
aboa achi ajwa [a-boa a-chi a-jwa] saddle
abodeɛ kwanso [a-bo-dee kwan-so] organic
abofono [a-bo-fo-no] nausea
abofra [a-bo-fra] (*n.*) kid; (*adj.*) minor
abofrahwɛ [a-bo-fra-shwe] childcare
abom [a-bom] sauce
abonsɛwee [a-bon-se-wee] pavement
abonten [a-bon-tin] street
aboɔden [a-bour-din] expensive
aborɔnoma [a-bo-ro-no-ma] pigeon
abotare [a-bo-ta-re] patience
abotire [a-bo-ti-re] gear
abɔdeɛ mu nyansa pɛ [a-bodie mu n-yan-sa pe] science
abɔdwesɛ [a-b-jwi-se] moustache
abɔfra [a-bo-fra] infant, child
abɔmframa [a-bom-fra-ma] air conditioning

abɔnten [a-bon-tin] (*adv.*) out, outside; (*n.*) avenue
abrokyifoɔ sika [a-bro-chi-four si-ka] cent
abrɔdoma [a-bro-do-ma] fig
abrɔfo nkateɛ [a-bro-fo n-ka-tie] almond
abu [a-bu] broken
abubuafour poma [a-bu-bua-four po-ma] crutches
aburo [e-bu-ro] corn
Aburokyire [A-buro-chi-ri] Europe
abusua [e-bu-sua] family
abusua din [e-bu-sua din] surname
abusuakuo [e-bu-sua-kuo] tribe
abusuani [e-bu-sua-ni] relative
ada [a-da] asleep
adagye nni hɔ [a-da-ji n-ni ho] busy
adaka [a-da-ka] box, trunk, suitcase; kit
adaka a wɔtom [a-da-ka-a wo-tom] locker
adamfo [a-dam-fo] friend
adamudeɛ [a-da-mu-die] bribe
adanfowaa [a-dan-fo-waa] girlfriend
adansedie krataa [a-dan-se-die kra-taa] receipt
addeɛ [adie] item
ade [a-de] product, thing
ade a ɛhwɛ asikyire wɔ mogya mu [a-de-a eshwe
  a-si-chi-re wo mo-gya mu] insulin
adeɛ ɛbɔ awoɔ ho ban [a-die a e-bo a-wour ho ban]
  contraceptive
adeɛ a mfasoɔ nni so [adie a mfa-sour nni so] trash
adeɛ biara [a-di-ye bi-ara] anything
adebuo [a-di-buo] courtesy
adefiri [a-di-fi-ri] credit
adefiri kad [adi-fi-ri kad] credit card
adefoode [a-di-foo-de] inexpensive
adehu [adi-hu] sight
adehye [a-de-shi] royalty
adehyeman [a-de-she-man] republic
adekora dan [adekora dan] depot

adesoa [adi-soa] (*v.*) load
adesrɛfoɔ [a-de-sre-four] beggar
adesua nhyiam [a-de-sua n-shi-am] seminar
adetɔn krataa [a-de-ton kra-taa] sales receipt
adetɔn toɔ [a-de-ton tour] sales tax
adeyɛ [a-di-ye] verb
adɛn [a-den] why
adi mu [a-di mu] concrete
adidibea [e-di-di-bia] restaurant
adidibea ketewa [e-di-di-bia ki-ti-wa] café
adidie dan [a-di-die dan] dining room
adidiei [a-di-die] dine
adoe [a-doe] monkey
adɔ [a-do] hot
adɔnfoɔ [a-don-four] terrorist
aduɔkron [a-duo-kron] ninety
aduɔson [e-duo-son] seventy
aduɔwɔtwe [a-duo-wo-chwe] eighty
adua [e-dua] pea, bean
aduaba [e-dua-ba] fruit, apricot
aduaba mu nsuo [e-dua-ba mu nsuo] juice
aduanan [a-dua-nan] forty
aduane [a-dua-ni] meal, food
aduane a wode soya ayɛ [a-dua-ne-a wo-de so-ya a-ye] soy
aduane awuduro wo mu [a-dua-ni a e-wu-du-ro wo mu]
  food poisoning
aduane duru [a-dua-ne du-ru] cinnamon
aduane krataa [a-dua-ne kra-taa] menu
aduane noafoɔ [a-dua-ne no-a-four] chef
aduasa [a-dua-sa] thirty
adunom mmrosoɔ [adu-nom m-mro-sour] overdose
aduonu [a-duo-nu] twenty
aduonum [e-duo-num] fifty
aduosia [a-duo-sia] sixty
aduradeɛ [e-du-ra-die] envelope
aduro [a-du-ro] drug, medicine

aduru [a-du-ru] chemical

aduru a ɛkum mmoawamoawa [a-du-ru-a e-kum m-moa-wa-moa-wa] antibiotics

aduru a ɛkum mmoawamoawa [e-du-ru-a e-kum m-moa-wa-moa-wa] antiseptic

aduru a ɛte yaw so [a-du-ru-a e-ti yaw so] anesthetic

aduru wɔ [a-du-ru wo] vaccinate

adurufra bea [a-du-fra bia] pharmacy

adutɔnbea [a-du-ton bia] drugstore

aduyɛ [e-du-ye] medication

adwa [e-jwa] seat

adwa mu abɔsoɔ [e-jwa mu abo-sour] seat belt

adwa nɔma [a-jwa no-ma] seat number

adwaeɛ [a-jua-ie] bathroom

adware atadeɛ [a-jwa-re a-taa-de] bathing suit

adware nsuo a ɛtae fie [a-jwa-re nsuo-a e-tae fie] pool

adwareɛ mpopa ho [a-jwa-ri-ye m-po-pa-ho] bath towel

adwe [a-jwe] nuts

adwene [a-jwi-ni] (n.) idea, reason; (adj.) mental

adwene ho pira [a-jwi-ni ho pi-ra] concussion

adwini [a-jwi-ni] art

adwuma [a-jwu-ma] business, job, occupation, work

adwuma wura [e-jwu-ma wu-ra] employer

adwumakuo [a-jwu-ma kuo] agency, company

adwuman fa bi adekoradan [a-jwu-man-fa bi a-de-ko-ra-dan] department store

adwumayɛni [e-jwu-ma-ye-ni] employee

afahyɛ [a-fa-she] festival

afe [a-fi] annual; year; comb

afe atwam no [a-fe a-chwam-no] last year

Afe foforɔ da [A-fi fo-fo-ro da] New Year's Day

Afe foforo [A-fi fo-fo-ro] New Year

afe sesei [a-fe se-sei] next year

afebɔɔ [a-fe-boo] (adj.) permanent

afei [a-fei] then

afiase [a-fia-se] jail

afide a ɛwɔ wim a atwa asase so mfoni [a-fi-de-a ewo wim a a-twa a-sa-se so m-fo-ni] satellite

afidie [a-fi-die] engine, machine, motor, vehicle

afidie a ɛnate [a-fi-die-a e-na-te] automobile

afidie a nankasa tumi sesa [a-fi-die-a na-nka-sa tu-mi se-sa] automatic transmission

afidie a wɔda mu [a-fi-die-a wo-da mu] sleeping car

afidie a wɔde fro soro [a-fi-die-a wo-de fro so-ro] elevator

afidie a wɔde nante asukɔtweaa so [a-fi-die-a wo-de nan-te a-su-ko-cheia so] ski

afidie a wɔgyina so nantew [a-fi-die-a wo-ji-na so nan-tew] skate

afidie a wode ma nsu ba [a-fi-die-a wo-di ma n-su ba] faucet

afidie a yɛde twa mfoni gu abɛɛfo afidie badwemma so [a-fi-die-a ye-de chwa m-fo-ni gu a-bee-fo e-fi-fie ba-jwin-ma so] scanner

afidie a yede ka aduane hye [afidie a yedi ka aduane she] microwave

afidie gyinabea [a-fi-die ji-na-bia] parking

afidie ka fo [a-fi-die ka fo] operator

afidie mu nan ase ntiaso [a-fi-die mu nan a-se n-tia-so] clutch pedal

afidie nam ntiaso [a-fi-die nam n-tia-so] pedal

afidie so [a-fi-die-so] deck

afidipɔnkɔ [e-fi-di pon-ko] motorcycle

afirihyia [a-fi-ri-shia] anniversary

afiriyɛ [a-fi-ri-ye] departure

afoforofoɔ gyeɛ wɔ sukuu mu [afo-fo-ro-four jie wo su-kuu mu] admission

afɔdie [afodie] guilty

afɔrepono [a-fo-ri-po-no] altar (n.)

afudeɛ sɛe mmoawa [a-fudie see m-moa-wa] pest

afuo [e-fuo] farm

afuo mu [a-fuo mu] field

agbaa [a-gbaa] basin

agodibea [a-go-di-bea] park; stadium
agokansie [a-go-kan-sie] sport(s)
agoo [a-goo] hello
agorohwɛbea [a-go-ro-shwe-bea] theater
agorɔ [a-go-ro] game; play
agorɔdifo [a-go-ro-difo] actor
agudeɛ [egudie] jewelry
agyanan [e-ja-nan] toilet
agyananbea [e-ja-nan-bia] lavatory
agyapadeɛ [a-ja-pa-die] property
agyinadeɛ [a-ji-na-die] (n.) brake
agyinahyɛde [a-ji-na-she-di ye] symptom
agyinamoa [e-ji-na-moa] cat
agyinasie [e-ji-na sie] decision
agyirae [a-gyi-rae] tag
ahaban dada [a-ha-ban da-da] brown
ahaban mono [a-ha-ban mo-no] green
ahaban nnuro [a-ha-ban nuro] herb
ahamatrofo nɔma [a-ha-ma-tro-fo no-ma] phone number
ahantan [a-han-tan] rude
ahina [e-hi-na] jar
ahinanan [a-hin-an-an] square
Ahinime [A-hi-ni-mi] October
ahintabea [a-hin-ta-bia] (n.) shelter
ahobanmmɔ [a-ho-ban-m-mo] safety
ahofadi [a-ho-fa-di] free
ahofama [a-ho-fa-ma] (v.) surrender
ahokafoɔ [a-ho-ka-four] companion
ahoma [a-ho-ma] cable, cord, rope, wire, ribbon
ahomakye [a-ho-ma-chi] dawn
ahomatrofoɔ [a-ho-ma-tro-four] phone, telephone
ahomatrofoɔ dan [a-ho-ma-tro-four dan] phone booth
ahomatrofoɔ kad [a-ho-ma-tro-four kad] phone card
ahomegyebea [a-ho-miji-bea] lounge
ahomka [a-ho-mka] pleasant
ahoɔdenneɛ [a-ho-den-nie] energy

ahosuo [a-ho-suo] color
ahotɔ [a-ho-to] comfortable, convenient
ahotoso [a-ho-to-so] trust
ahotosoɔ [a-ho-to-sour] reliable
ahotutuo [a-ho-tu-tuo] arthritis
ahɔhodan [a-ho-ho-dan] hostel
ahɔhogyebea [a-ho-ho-ji-bia] hotel
ahɔhoyɛ [a-ho-ho-ye] hospitality
ahum [e-hum] storm
ahuntasɛm [e-hun-ta-sem] mystery
ahwehwɛ [a-shwi-shwe] glass, mirror; screen
ahwehwɛ aniwa [a-shwi-shwe a-ni-wa] lens
ahwehwɛniwa [a-shwi-shwe-ni-wa] eyeglasses
ahwɛ [a-shwe] (*n.*) check
ahwɛmfoni a ahoma sa so [a-shwe-m-fo-ni a a-ho-ma sa so]
  cable TV
ahyedeɛ [a-hye-die] prescription
ahyɛnkafoɔ ahomegyebea [a-she-nka-four a-ho-me-je-bia]
  motel
ahyɛnsodeɛ [a-she-n-so-di-e] identification, symbol
ahyɛnsodeɛ kad [a-she-n-so-die kad] ID card
akadeɛ [a-ka-die] amenities, equipment
akasafidie [a-ka-sa-fi-die] radio
akatawia [a-ka-ta a-wia] umbrella
akatua [a-ka-tua] payment
akenkanbea [a-kin-kan-bia] library
akokɔ sradeɛ [a-ko-ko-sra-di-ye] yellow
akokɔnam [a-ko-ko nam] chicken
akoma [a-ko-ma] heart
akoma yareɛ [a-ko-ma ya-rie] heart attack
akonwa [a-kon-jwa] chair
akoradeɛ [a-ko-ra-die] drawer
akɔdaa [a-ko-daa] baby
akum mmoawa [a-kum m-moa-wa] insect repellant
akura [e-ku-ra] mouse
akurase [a-ku-raa] village

akutu [a-ku-tu] (*color*) orange, peach
akwaaba [a-kwaa-ba] welcome
akwadaa mpepaho [a-kwo-daa m-pi-pa-ho] baby wipes
akwama [a-kwa-ma] vacation
akwamma [a-kwam-ma] holiday
akwanhyia [a-kwan-shia] accident
akwankyerɛ [a- kwan-chi-re] direction, directions; guide
akwankyerɛ bea [a-kwan-chi-re bia] directory
akwankyerɛ boafoɔ [a-kwan-chi-re boa-four] directory
  assistance
akwankyerɛ nwoma [a-kwan-chi-re n-wo-ma] guidebook
akwanma [a-kwa-ma] (*n.*) permit
akwanso toɔ [a-kwan-so tour] (*n.*) toll
akwansrɛ [a-kwan-sre] permission
akwantu krataa ntoaso [a-kwan-tu kra-taa n-toa-so]
  boarding pass
akwantu nna krataa a wɔde wura mu [a-kwan-tu n-na
  kra-taa-a wo-de wu-ra mu] entry visa
akwantu nna tumi krataa [a-kwan-tu nna tumi kra-taa]
  visa
akwantu nneɛma [a-kwan-tu n-nee-ma] luggage
akwantufoɔ adidibea [a-kwan-tu-four a-di-di-bia] inn
akwantufoɔ tumi krataa [a-kwan-tu-foo tu-mi kra-taa]
  passport
akwantuo [a-kwan-tuo] transportation; travel, trip
akwanya [a-kwan-ya] (*n.*) access
akyekyere [a-chi-chi-re] bandage
akyerɛkyerɛ kwan [a-kye-re-kye-re kwan] road map, map
akyerede ngo [a-kye-re-de n-go] ink
akyɛdeɛ [a-che-die] gift; parcel
akyi [e-chi] behind; back
akyi di [e-chi di] trail
akyi dompe [e-chi dom-pey] spine
akyi kotoku [e-chi ko-to-ku] knapsack
akyingyeɛ [a-chi-n-jie] argue
akyire [a-chi-re yi] later

akyiriakwan [e-chi-a-kwan] (*n.*) address
akyiwadeɛ [e-chi-wa-die] allergy
alomi dadie [a-lo-mi da-die] aluminum foil
ama kwan [a-ma kwan] allowed
amamebɔ [ama-ni-bo] information
amammerɛ [a-mam-mre] folk, tradition
amammerɛ kwan so [a-mam-me-re kwan so] traditional
amammrɛ [a-mam-mre] culture
amammrɛ paemuka [a-ma-mre pai-mu-ka] customs
 declaration
amamre anweneɛ [a-mam-mire a-n-win-nie] folk art
amanɔne [a-ma-no-ni] foreign
amanɔne aban asoɛeɛ [a-ma-no-ni aban a-soe-ye] embassy
amanɔne kasa [a-ma-no-ni ka-sa] foreign languages
amanɔne sika [a-ma-no-ni si-ka] foreign currency
amanaman mu [a-ma-na-man mu] international
amaneɛ [a-ma-ni-ye] trouble
amaneɛbɔ [a-ma-nie-bo] report
amanebɔ pono [ama-ni-bo po-no] information desk
amanebɔfoɔ [a-ma-ni-bo-four] reporter
amanede [a-ma-ne-de] delivery
amann [a-man-n] glue
amansan [a-man-san] public
amansan homatrofoɔ [a-man-san ho-ma-tro-four] public
 telephone
amansan tiafi [a-man-san tie-fi] public toilet
amanyɔsɛm [a-man-yo-sem] politics
amereka sika [a-mi-ri-ka si-ka] dollar
Amerika man [A-me-ri-ka man] United States
amoase [a-mo-a-si] diaper; sanitary napkin
amono mu hɔ ara [a-mo-no mu ho aa] instant
ampa [am-pa] true
amuase [a-mua-se] tampon
amusieɛ [a-mu-sie] cemetery
anaa [a-naa] or
anaafoɔ [a-naa-four] south

anadwo [a-na-jwo] night
anadwo apontɔɔ [a-na-jwo a-pon-tour] nightlife
anadwo dasuomusum [ana-jwo da-suo-mu] midnight
anadwo mu [a-na-jwo mu] overnight
anadwo yi [a-na-jwo yi] tonight
anamɔn [a-na-mon] step
anamɔn kwan [a-na-mon kwan] footpath
ananmusini [a-nan-mu-si-ni] agent, ambassador
ananse [a-nan-si] spider
anantwie [a-nan-twi] cattle
angua [an-gua] oil
ani [eni] eye
ani adehu [eni a-de-hu] sightseeing
anibereɛ [a-ni-bre] serious
anifiraeɛ [a-ni-fi-rai-ye] blind
anigye [a-ni-jey] fun, happy
anigyedeɛ [a-ni-je-die] entertainment
anim [a-nim] face, front
anim akonwa [a-nim a-ko-nwa] front desk
anisobire [a-ni-so bre] dizzy
ankaa [an-kaa] lemon; orange
ankaatwadeɛ [an-kaa-chwa-die] lime
ankasa [an-ka-sa] actual
ankoanko [an-ko-an-ko] individual
ankonam [an-ko-nam] alone
ankoreɛ [an-ko-re] barrel
ankorakoro [a-nko-ra-ko-ro] private
ankorakoro agyapade [a-nko-ra-ko-ro a-ja-pa-die] private
  property
ankorakoro dan mu [a-nko-ra-ko-ro dan mu] private room
ano [a-no] mouth; peak, tip
ano aduro [a-no e-du-ro] (*n.*) remedy
anoboɔ [a-no-bour] rate
anofafa [a-no-fa-fa] lip
anofew [a-no-few] (*n.*) kiss
anom [a-nom] oral

anom dɛ [a-nom de] appetite
anone [a-no-ne] beverage; pudding
anonie [a-no-nie] (*n.*) snack
anonneɛ [a-non-nie] (*n.*) drink
anoteɛ [a-no-tiie] fluent
anɔpa [a-no-pa] morning
anɔpa aduane [a-no-pa a-dua-ni] breakfast
ansa [an-sa] before; until
anwawasɛm [an-wa-wa-sem] surprise
anwea [an-wia] sand
anwene [a-nwi-ni] pottery; sculpture
anwensɛm [a-nwi-n-sem] poem
anwumerɛ [e-nyu-mi-re] evening
anwumerɛ aduane [e-nyu-mi-re a-dua-ne] dinner
anyinam [a-nyi-nam] electric
anyinam ahɔɔden [a-nyi-nam ahour-den] electricity
apaawa [a-paa-wa] CD; DVD
apam [a-pam] league
apampa [a-pam-pa] tray
apan [a-pan] bat
apasɔɔ [a-pa-soou] scissors
apataa [a-pa-taa] fish
apem [a-pim] thousand
apɛn so [apen so] regime
aplɛ [aple] apple
apolisifoɔ atenae [a-po-li-si-four a-ti-na-ye] police station
apɔmuden [a-po-mu-din] health
apɔmuden nsiakyiban [a-po-mu-den n-sia-chi-ban] health
  insurance
apɔnkye [a-pon-che] goat
apɔwmu tenetene dan [a-pow-mu-tini-tini dan] gym
apranaa [a-pra-naa] thunder
aprɔ [a-pro] (*adj.*) rotten
apueɛ [a-pueie] east
asa [a-sa] hall; dance
asaase a nsu atwa ho [a-saa-se-a n-su a-chwa ho] island

asaawa [a-saa-wa] cotton; wool
asabo [a-sa-bo] kidney
asan no [a-san-no] infected
asase [a-saa-se] earth, land
asase ase [a-saa-se a-se] underground
asasewosoɔ [a-sa-se wo-sour] earthquake
ase [a-se] below
aseɛ [a-si-ye] (*prep.*) under; (*n.*) base
aseɛ hɔ [asi-ye ho] basement
asehyɛ [a-se-shye] signature
asekyerɛ ni [a-se-che-re-ni] interpreter
aseresɛm [asi-ri-sem] concert
asetenamu [a-se-te-na-mu] economy
asew baa [a-sew baa] mother-in-law
asɛm [a-sem] case, issue
asɛmfua [a-sem-fua] word
asɛmmisa [a-sem-mi-sa] question
asɛnka dwaso [a-sen-ka jwa-so] platform
asɛnnibea [a-sen-ni-bia] court
asɛnnie [asen-nie] trial
ashiadie [e-shia-die] camp
asiane [e-sa-n] danger, hazard, risk
asikyire [a-si-chi-re] sugar
aso [a-so] ear
aso yaa [a-so yaa] earache
asoma afidie [a-so-ma a-fi-die] (*n.*) fax
asomdwoeɛ [a-som-jwoe] peace
asosieɛ [a-so-sie] deaf
asotwe [a-so-chwi] sanction
asɔre [a-so-ri] church
asɔredan [a-so-ri-dan] chapel; temple
asɔrefie [a-so-ri-fie] synagogue
aspirin [as-pi-rin] aspirin
asraadwuma [a-sraa-jwu-ma] military
asraafoɔ [a-sraa-four] army
asubɔnten [e-su-bon-ten] river

asukɔtwea tɔ [e-su-ko-chwiaa to] (*v.*) snow
asukɔtweaa [e-su-ko-chwiaa] (*n.*) snow
atɛkyɛ [a-te-che] mud
atɛntenenee [a-ten-ti-ni-nii] justice
atɔeɛ [a-to-ye] west
ataade [a-taa-de] jacket
atadeɛ [a-taa-die] (*n.*) dress
atadeɛ a ɛbɔ [a-taa-die-a e-bo] suite
atadeɛ a wɔhyɛ da [a-taa-die-a wo-she da] pajamas
atadeɛ soro [a-taa-di so-ro] shirt
atenaeɛ [a-ti-na-ye] settlement
atenaeɛsɛe [a-ti-na-ye-see] pollution
atenka [a-ten-ka] (*n.*) nerve; (*adj.*) sensitive; (*v.*) feel
atere [a-tiri] fork; spoon
atifi [a-ti-fi] north
atifi apueɛ [a-ti-fi a-pue] northeast
atifi atɔeɛ [a-ti-fi a-toie] northwest
atiri mu pɔ [a-ti-ri-mu po] purpose
ato mu [a-to mu] closed
atorɔ [a-to-ro] (*adj.*) false; (*n.*) lie
atosodeɛ [a-to-so-di-yee] vegetable
atoto [a-to-to] roasted
atoyerɛnkyɛm [a-too-yi-renn-chem] disaster
atua [a-tua] rebel; paid
atuateɛ [a-tua-tie] rebellion
atuhoakyɛ [a-tu-ho-a-che] volunteer
atukɔtenafoɔ [a-tu-ko-te-na-four] refugee
atuuyɛ [a-tuu-ye] hug
atwedeɛ [a-chwi-die-poe] stairs
awɔbere [a-wo-bre] winter
aware [a-wa-re] married
awareɛ [a-wa-rie] marriage
awea pradadaa [a-wea pra-da-daa] desert
awerɛfire [a-wi-re fire] forget
awerɔhoɔ [a-wi-ro-hour] sad
awi [a-wi] cereal

awia [a-wia] daytime, noon, sun; stolen
awia aduane [a-wia a-dua-ne] lunch
awia ano sie [a-wia ano sie] sunblock
awia bere [a-wia be-re] afternoon
awiahyeɛ [a-wia-she] sunburn
awieɛ [a-wie-e] end
awo [a-wo] (*adj.*) dry
awo da [a-wo da] date of birth
awoɔ din krataa [a-wour din kra-taa] birth certificate
awoɔ ho banbɔ [a-wour ho ban-bo] contraception
awoda [a-wo-da] birthday
awofoɔ [a-wo-four] parent
awu [a-wu] dead
awu duro [a-wu du-ro] poison
awudie [e-wu-die] crime
Awura [A-wu-ra] (*title*) Ms.
ayamtuo kunini [a-yem-tuo] diarrhea
ayarefoɔ hyɛn [a-ya-ri-four shen] ambulance
ayarefoɔ adwa [a-ya-re-foo a-dwa] wheelchair
ayaresabea [a-ya-re-sa-bia] hospital
ayaresabea ketewa [a-ya-ri-sa-bia ki-ti-wa] clinic
ayeforɔ [a-ye-fo-ro] wedding
ayereforo akyi akwantu [a-ye-fo-ro a-kyi a-kwan-tu]
 honeymoon
ayɛdeɛ [a-ye-die] activity
Ayɛwohomumu [Aye-wo-ho-mu-mu] June
ayie [ayie] funeral

B

ba [ba] appear
ba baa [ba-baa] daughter
baabi a mereko [baa-bi-a me-ko] destination
baabiara [baa-bi-ara] anywhere
baako [baa-ko] (*n.*) one; (*adj.*) single
babarima [ba-be-ri-ma] son

babaso wiɛmfoɔ [ba-ba-so wiem-four] AIDS
babaso wiɛmfoɔ mmoawa [ba-ba-so wiem-four m-moa-wa] HIV
badwa [be-jwa] commission
ban ho mfoni [ban ho m-fo-ni] mural
banbɔ [ban-bo] security
banmmɔfoɔ [ban-m-mo-four] (*n.*) guard
basabasa [ba-sa-ba-sa] rough
basabasayɛ [ba-sa-ba-sa-ye] riot, violence
basket ball [basket bool] basketball
bea [bia] location, place
bea a afidie kyim [bia a a-fi-die chim] axle
bea a kuro gyina [bia a kuro ji-na] dock
bea a wohwehwɛ ho [bia a wo-shwe-shwe ho] checkpoint
bea a wosi ntadeɛ [bia a wo-si n-taa-die] laundry
bea a wosi ntadeɛ gye sika [bia a wo-si n-taa-die ji si-ka] laundromat
bea a wɔhwɛ ma dwumadi kɔ so [bia a wo-hwe-ma dwu-ma-die ko-so] administration
bea a yedi ahyia [bia a ye-di e-shia] campground
bea a yɛto paanoo [bia a ye-to paanoo] bakery
beae a yɛbɛkɔ [bi-ae a ye-be-ko] itinerary
ben wɔ biribi mu [ben wo bi-ri-bi mu] professional
Benada [bi-na-da] Tuesday
benkum [ben-kum] left
bepɔ [bi-po] hill, mountain
bere [be-re] period (of time)
bere bɛn [be-re ben] when
bere biara [be-re biara] (*adv.*) always, often; (*adj.*) usual
bere nyinaa [be-re n-yin-aa] regular
beredum [be-re-dum] purple
bɛn [ben] close, near, nearby
bɛtimu [be-tu-mi] (*modal v.*) can
bɛyɛ [be-ye] (*v.*) become; (*prep.*) about
bi [bi] some
biara [bia-a] every

bio [bio] again
biribi [bi-ri-bi] something
biribi a ɛsom [bi-ri-bi-a e-som] server
bisa [bi-sa] ask, consult, request
bishɔp atenaeɛ [bi-shop a-ti-na-ye] cathedral
bo [bo] drowsy; drunk
bo afu [bo-afu] angry
boɔ [bour] cost
boɔ yɛ fo [bour ye fo] cheap
boa [bo-a] help, assist; pack
boafoɔ [bo-afour] (*n.*) associate
bobɔ [bo-bo] list
bobare [bo-ba-re] (v.) wrap
bobe [bo-be] berry; grape
bobe nsa [bo-be n-sa] champagne
bobeasu koro a wɔda [bo-bea-su ko-ro-a wo-da] homosexual
bobeasu soronko nna [bo-be-asu so-ron-ko n-na]
  heterosexual
bonsu [bon-su] shark
boro nsuo [bro nsuo] swim
bosea [bo-sea] (*n.*) loan
bosome [bo-so-mi] month; moon
bosome akatua [bo-so-mi a-ka-tua] salary
bow [bow] sedative
bɔ [bo] (*v.*) kick; play; (*n.*) type
bɔ abɛn [bo a-ben] (*v.*) whistle
bɔ amaneɛ [bo a-ma-nie] pronounce
bɔ ban [bo ban] (*v.*) protect; (*adj.*) safe
bɔ kutruku [bo ku-tru-ku] punch
bɔ kwaadu [bo kwee-du] accuse; prosecute
bɔ mpaeɛ [bo mpa-ye] pray
bɔ mu [bo mu] knock
bɔ nsa mu [bo n-sem] clap
bɔ to gu [bo to gu] (*v.*) dispute
bɔbea [bo-bia] nature
bɔne [bo-ni] bad

bɔɔl [bool] ball
bɔɔl a abam bɔ [bool a a-bam bo] rugby
bɔɔlbɔ [bool-bo] soccer
bɔsoa [bosoa] sausage
bɔta [bo-ta] butter
bra [bra] come; prohibit; menstruation
bra mu [bra-mu] check in
brɛ [bre] exhaust, tire
brɛoo [breoo] slow
Brɔfo kasa [Bro-fo ka-sa] English language
bu atɛn [bu a-ten] judge
bue [bue] open, unlock; resume
bukata [bu-ka-ta] fraud
buruwade [bu-ru-wa-de] battery

C

chickpeas [chik piis] chickpeas
chocolate [cho-ko-ley-ti] chocolate

D

da [da] (*n.*) date, day; sleep; (*adv.*) never
da a ɛtwa toɔ [da a e-chwa tour] deadline
da a ade kye a na yasi afe foforo mu [da a a-de kye-a na ya-si a-fe fo-foro mu] New Year's Eve
da a ewu [da-a e-wu] expiration date
daa [daa] ever
daabi [dee-bi] no
daadaa [daa-daa] casual
daakye [daa-chi] future
daawa dua [daa-wa dua] fishing rod
dada [da-da] old
dade a wɔde yɛ keteke kwan [da-de-a wo-de ye ke-te-ke kwan] rail
dade pɔnkɔ [da-di pon-ko] bicycle

dadeɛ [da-di-e] tool; metal
dadesɛn [da-di-sen] kettle
dadua ban mu [da-dua ban mu] prison
dam [dam] mad
dan [dan] infrastructure
dan mu [dan-mu] indoor
dan mu ɔsom [dan mu o-som] room service
dane [da-ni] turn
dankora [dan-ko-ra] room
dankora ka [dan-ko-ra ka] room rate
dansie [dan sie] architecture
dawurubɔ [de-wu-ru-bo] advertisement
dawurubɔ krataa [de-wu-ru-bo kra-taa] newspaper
deɛ obiara nim [die obiaa nim] general
deɛ yɛnim dada no [die ye-nim dada no] normal
deɛn [dien] what
dede [de-de] noise
den [den] hard
deodorant [dio-do-rant] deodorant
detour [dito] detour
dɛ [de] delicious; sweet
dɛmdi [dem-di] handicapped
dɛmdie [dem-die] disability
dɛnkyɛmbo bɔbea [den-chem-bo bo-bia] pyramid
di [di] eat; spend
di akyi [di e-chi] follow
di dɔ [di do] romance
di so [di so] rule
dibea nnidisoɔ wɔ aban adwuma mu [di-bia n-ni-di-sour
  wo a-ban a-jwu-ma mu] bureaucracy
din twerɛ [din chwi-re] registration
dodoɔ [do-dour] (*n.*) amount, quantity; (*adj.*) many; (*adv.*) more,
  much, most
dom [dom] (*adj.*) spare
dompe [dom-pey] bone
dɔn [don] alarm, bell, clock; o'clock

dɔnhwere [don-shwi-ri] hour

drobɛn [dro-ben] pipe

drɔba tumi krataa [dro-ba tu-mi krataa] driver's license

du [du] ten

du mmienu [du-mie-nu] dozen

du nan [du nan] fourteen

du nkron [du n-kron] nineteen

du nsia [du n-sia] sixteen

du nson [du n-son] seventeen

du num [du num] fifteen

du nwɔtwe [du n-wo-chwe] eighteen

dua [dua] plant; wood

dubaako [du-baa-ko] eleven

due [du-e] sorry

dum [dum] off

dummienu [du-mi-enu] twelve

duru [du-ru] (v.) arrive; (adj.) heavy

duukuu [duu-kuu] scarf

dwa [jwa] shop

dwa dan [jwa dan] convenience store

dwa kɛseɛ [jwa ke-si-ye] supermarket

dwa so [dwa so] marketplace

dwadi kɛntɛn [jwa-di ken-ten] shopping basket

dwadibea [jwa-di-bia] shopping center

dwadie [jwa-die] trade

dware [jwa-re] bath

dwaso dan ano hwɛfoɔ [jwa-so dan ano shwe-four]
 shopkeeper

dwene [jwi-ni] think

dwetɛ [jwee-tee] coin, silver

Dwoada [jwo-ada] Monday

dwumadie [jwu-ma-die] program, event

E

ebia [e-bia] probably
ebia ebɛyɛ yie [e-bia e-be-ye yie] possibly
ebiara [ebi-aa] any
ebiri [e-bi-ri] blue
ebunu [e-bu-nu] fever
ebuo [e-buo] cage
edi kan [e-di-kan] first
edin [e-din] name
edwie [e-jwie] lice
eɔfi [e-fi] (n.) dirt; (adj.) dirty
efie [e-fie] apartment, house
efisɛ [e-fi-se] because of
egya [e-ja] fire
ehuhurobɛrɛ [e-hu-hu-ro-bre] summer
ekuo [e-kuo] club
emu tenten [e-mu tintin] deep
emuduro nsusugyinapɛn [e-mu-du-ro n-su-su-ji-na-pen]
  gram
engineer [in-jin-ia] engineer
enidie [e-ni-die] formal
enum [e-num] five
esiam [e-sam] flour
etuo [etu-o] gun
etwerɛ [e-chwi-re] epileptic
ewiem [e-wie-m] sky
ewiem nsakraeɛ [e-wie-m nsa-kra-ye] weather

Ɛ

ɛban [e-ban] fence, wall
ɛbɛn paa [eben paa] intimate
ɛboɔ [e-bour] rock, stone
ɛbour [e-bour] price
ɛbɔ [e-bo] fog; September

ɛdan [e-dan] building
ɛdi ɛno akyi [edi- eno a-chi] next to
ɛdwo [e-jwo] cold
ɛfata [e-fa-ta] right
ɛfere [e-fe-re] melon
ɛha [e-ha] here
ɛhe [ehe] where
ɛhɔ [eho] there
ɛhyeɛ [e-shie] border
ɛkɔm [e-kom] hungry
ɛka [e-ka] bill
ɛkwan [e-kwan] path
ɛkwan koro [e-kwan ko-ro] one-way
ɛkyɛ [e-kye] hat
ɛkyi nwunu [e-chi nwu-nu] antifreeze
ɛmo [e-mo] rice
ɛnam yie [e-nam yie] fishing
ɛnan [e-nan] four
ɛnkyɛ [en-kye] temporary
ɛnnɛ [en-ne] today
ɛno [eno] it
ɛno ara mu [e-np ara mu] eventually
ɛnso [en-so] insufficient
ɛntene [en-ti-ni] wrong
ɛnyɛ anigye [en-ye a-ni-je] unhappy
ɛnyɛ babiara [en-ye ba-bia-ra] nowhere
ɛnyɛ bere biara [en-ye bi-ri biaa] unusual
ɛnyɛ bere nyinaa [en-ye be-re n-yin-aa] rare
ɛnyɛ biribiara [en-ye bii-biaa] nothing
ɛnyɛ obuo [en-ye obua] impolite
ɛnyɛ ɔhyɛ [en-ye o-she] option
ɛnyɛ papa [en-ye pa-pa] incorrect
ɛnyɛ soronko [en-ye so-ron-ko] vanilla
ɛpo [e-po] sea, ocean
ɛpo ano [e-po-a-no] coast, beach
ɛpono [e-po no] door; desk, table

ɛpɔ [e-po] knot
ɛse [e-si] tooth
ɛsɛ sɛ [e-se-see] ought
ɛtʋ so mmienu [e-to so mmienu] second
ɛtam [e-tam] fabric
ɛtoɔ [e-tour] bottom; tax
ɛtoa [e-toa] bottle
ɛwoɔ [e-woo] honey
ɛwɔ soro [e-wo so-ro] classic
ɛyɛ [e-ye] enough
ɛyɛ den [e-ye den] difficult
ɛyɛ fɛ [e-ye fe] nice
ɛyɛ sɛɛ [eye see] seem

F

fa [fa] (*n.*) half, piece; steak; (*v.*) pick, take
fa bra [fa-bra] bring
fa gu adaka mu [fa gu a-da-ka mu] (*v.*) box
fa ka ho [fa ka ho] join, add
fa kɔ baabi foforɔ [fa ko baa-bi fo-fo-ro] transfer
fa kyerɛ [fa chi-re] point
fa ma [fa ma] give
fa nkyem [fa n-chey-m] quarter
fa sie [fa sie] keep, reserve
fa toto ho [fa to-to ho] compare
fa tu kwan [fa tu kwan] transport
fa yɛ [fa ye] (*v.*) use
fakyɛ [fa-che] forgive
fam [fem] (*adj.*) down, low; (*n.*) floor, ground
fango [fan-go] petrol, gas, fuel
fata [fa-ta] (*v.*) fit, suit
fe [fi] vomit
fɛɛfɛ [fee-fe] beautiful
fi [fi] litter
fi adi [fi-e-di] check out

fi ase [fi ase] start
Fiada [Fi-ada] Friday
fibea [fi-bea] source
fie [fie] (*adj.*) domestic; (*n.*) home
firi adi [fi-ri e-di] exit
firi nsa [firi nsa] lose
fitaa [fi-taa] white
fitani [fi-ta-ni] mechanic
foforɔ [fo-fo-ro] new; other
foforɔ a ɛka ho [fo-fo-ro a eka ho] extra
fom [fom] offend
foonoo [foo-noo] oven
foos dwa [foo-s jwa] flea market
fooso dwadan [foo-so jwa-dan] secondhand store
fotosanfoɔ [fo-to-san-four] accountant
fra [fra] mix
frankaa [fran-kaa] flag
frɛ [fre] call, dial
fro [fro] climb, mount

G

gas ɔyerɛ [gas o-yi-re] diesel
gas oyerɛ [gas o-yi-re] gasoline
go mu [go mu] loose
gofomma [go-fom-ma] orchestra
guankɔbea [gua-nko-bea] refuge
gya [ja] leave
gya adwuma [ja e-jwu-ma] fireworks
gya dɛreɛ [ja de-ri-ye] flame
gyae [jai] stop, halt
gyae ma no nka [jai ma no nka] compromise
gye [ji] collect, save; except
gye obi [ji obi] admit
gye to mu [ji to mu] agree, accept
gyeene [jee-ne] onion

gyidi [ji-di] believe
gyina [ji-na] (*v.*) break; (*n.*) stop
gyina ntenten [ji-na ntin-tin] stand
gyinabea [ji-na-bia] station
gyinapɛn [ji-na-pen] class, level, standard

H

ha adwene [ha a-jwin] disturb
hae [hai] rent
hata [ha-ta] (*v.*) dry
haw [haw] (*v.*) worry
hɛɛ [hee] (*interj.*) hey
hia [hia] (*v.*) need, want
ho nni asɛm [ho n-ni a-sem] innocent
home [ho-me] (*v.*) breathe; rest
honam [ho-nam] skin
honi [ho-ni] monument
horo [ho-ro] wash
horo ade a nsu nka ho [ho-ro a-de-a n-su nka ho] dry cleaner
hɔhɔɔ [ho-hour] unfamiliar
hu [hu] scary
hunu [hu-nu] ordinary
huri [hu-ri] jump
huru [hu-ru] irritate
huueɛ [huu-ye] saw
hwɛ [shwe] check, look, see, view, watch
hwɛ yie [shwe yi-ye] beware
hwa [shwa] flavor
hwan [whan] who
hwe fam [shwi fem] fall
hweahwea [hwia-hwia] thin
hwee [shwee] zero; empty
hwehwɛ [shwi-shwe] (*v.*) find, seek; require; (*n.*) search
hwehwɛ mu [shwi-shwe mu] examine, inspect
hwene [shwi-ni] nose

hwie [shwie] pour
hye [she] hot
hyɛ [she] declare; score; wear; smoking
hyɛ ase [she ase] sign
hyɛ bɔ [she bo] (*v.*) promise
hyɛ ma [she ma] fill
hyɛ no nso [she no nso] note
hyɛ nso [she n-so] identify
hyɛn [shen] bus; truck
hyɛn gyinabea [shen ji-na-bia] bus terminal
hyeɛso banbo [shi-eso ban-bo] immigration
hyeɛso togyefoɔ [shi-eso to-ji-four] customs
hyerɛn [shi-ren] flare, flash
hyia [shia] (*v.*) meet
hyira [shi-ra] bless

I

Intanɛt [In-ta-net] Internet
intanɛt a ahoma biara nsa so [in-ta-net-a a-ho-ma biaa n-sa-so] wireless Internet
intanɛt so nkratoɔ [in-ta-net so n-kra-tour] e-mail

J

jeans [jins] jeans
judafoɔ aduane [ju-da-four a-dua-ne] kosher
jumper ahoma [jam-pa a-ho-ma] jumper cables

K

ka [ka] (*n.*) bite; debt, expense, fare, fee; drive, ride; (*v.*) say, tell; touch
ka akyi [ka a-chi] late
ka bi ma menka bi [ka bi ma min-ka bi] democracy

ka ho [ka ho] among
ka kyerɛ [ka chi-re] complain
kaa [kaa] car
kabinete [ka-bi-neti] cabinet
kad [kad] card
kae [kai] remind; recognize
kahwɛ [ka-shwe] taste
kaka [ka-ka] toothache
kaki [ka-ki] cake
kalanda [ka-lan-da] calendar
kamfo [ka-mfo] recommend
kan [kan] read
kandifoɔ [kan-di-four] leader
kanea [ka-nia] light, lamp
kanko [kan-ko] circle
kann [kan-n] plain
karɔte [ka-ro-te] carrot
kasa [ka-sa] (*n.*) language; (*v.*) speak, talk
kasa mmara [ka-sa mmra] grammar
kasa tia [kasa tia] protest
kasakoa [ka-sa-koa] idiom
kasasin [ka-sa-sin] phrase
kaseɛbɔ [ka-see-bo] news
kata [ka-ta] cover
kawa [ka-wa] ring
keeki [kee-ki] cake
keka [ki-ka] itch
keseyɛ [ke-se-ye] size
keteke [ke-te-ke] train
keteke gyinabea [ke-te-ke ji-na-bia] train station
keteke kɔ ntɛm bra ntɛm [ke-te-ke ko n-tem bra n-tem]
 express train
keteke kwan [ke-te-ke kwan] railroad
ketewa [ke-te-wa] (*adv.*) less; (*adj.*) little, small; young
kɛkɛ [ke-ke] just
kɛntɛn [ken-ten] basket

kɛse [ke-se] big, great, large, fat; loud
kɛse paa [ke-se paa] maximum
kilogram [ki-lo-gram] kilogram
kokoam [ko-ko-am] privacy, secret
kokoam adeɛ [ko-ko-am a-die] personal
kokoam nɔma [ko-ko-am no-ma] password
kokurobotie [ko-ku-ro-bo-ti] thumb
kookoo [koo-koo] cocoa
koom [ko-om] quiet
kora [ko-ra] fix
koradeɛ [ko-ra-die] reservoir
kosua [ko-sua] egg
kotodwe [ko-to-jwe] knee
kotoku [ko-to-ku] bag; pocket
kotokuo a wɔda mu [ko-to-kuo-a wo-da mu] sleeping bag
kotrɛ [ko-tre] lizard
kɔ [ko] (adv.) away; (v.) go, move
kɔ akyi [ko a-kyi] (v.) reverse
kɔ ne ba [ko ne ba] round-trip
kɔ ne ba tekiti [ko ne ba te-ki-ti] round-trip ticket
kɔ ntɛm bra ntɛm [ko-n-tem bra n-tem] express
kɔ so [ko-so] carry-on
kɔba a adwo [ko-ba a a-jwo] flat tire
kɔfe [ko-fi] coffee
kɔkɔ [ko-ko] warn
kɔkɔɔ [ko-koo] red
kɔkɔbɔ [ko-ko-bo] warning
kɔn [kon] neck
kɔnmu adeɛ [kon-mu a-die] necklace
kɔntraagye [kon-traa-ji] contract
kra [kra] import
krado [kra-do] ready
Kramoni [Kre-mo-ni] Muslim
krataa [kra-taa] document, letter, paper
kratafa [kra-ta-fa] page
kronkron [kron-kron] holy, sacred

kronkronbea [kron-kron-bia] sanctuary
krɔgyee [kro-jii] pure
krɔnobɔ wɔ dwaso [kro-no-bo wo jwa-so] shoplifting
kuadwuma [kua-ju-ma] agriculture
kube [ku-be] coconut
kukuo [ku-kuo] pot
kum [kum] kill
kum yaw [kum yaw] painkiller
kumaa [ku-maa] small
kuntu [kun-tu] blanket, rug
kunu [ku-nu] husband
kuo [kuo] group
kuo ba [kuo ho] member
kuro [ku-ro] town
kuro ketewa [ku-ro ke-te-wa] suburb
kuro kɛseɛ [ku-ro kesie] city
kuro mu [ku-ro mu] downtown
kuromani [ku-ro-ma-ni] native
kuruwa [ku-ru-wa] cup
Kutawonsa [Ku-ta-won-sa] July
kutruku [ku-tru-ku] fist
kwaadubɔfoɔ [kwe-du-bo-four] attorney
kwadu [kwe-du] banana
kwaeɛ [kwae] forest, jungle
kwan [kwan] (n.) channel, lane, road, route; (adj.) medium
kwan hweahwea [kwan hwi-a-hwi-a] alley
kwan ketewa [kwan ki-ti-wa] subway
kwan nkyen nnipa [kwan n-kyen nni-pa] pedestrian
kwan nni ho [kwan n-ni ho] restricted
kwankyɛn aduanetɔnbea [kwan-chen a-dua-ne-ton-bia] fast food
kwansini [kwan-si-ni] kilometer
kwansini fa [kwan-si-ni fa] mile
kwanya [kwa-nya] vacancy
kwatenpɔn [kwa-tin-pon] highway
kwaterekwaa [kwa-te-re-kwaa] naked

kyɛ [che] delay; share
kyɛ mu [che mu] (v.) separate
kyɛnsee [chen-si] dish
kye [chi] fry
kyekyere [chi-chi-re] tie
kyerɛ [chi-re] show
kyerɛ asee kɔ kasa foforo mu [chi-re a-sie ko kasa foforo mu] translate
kyerɛ aseɛ [chi-re a-sie] interpret
kyerɛ mu [chi-re mu] explain
kyere [chi-ri] (v.) catch, arrest
kyere sie [chi-ri sie] kidnap
kyeree ne yam [chi-rii ni yem] constipated
kyew pa [chew-pa] (n.) pardon
kyi [chi] avoid
kyim [chim] screw
kyiri nwusie [chi-ri n-wu-sie] non-smoking

M

ma [ma] full
ma kwan [ma kwan] allow, permit
ma ne [ma ne] deliver
ma so [ma so] lift
maame [maa-me] mother
mako [ma-ko] pepper
mako atwa mu [ma-ko a-chwa mu] spicy
makroni [ma-kro-ni] noodles
mane kɔ [ma-ni ko] export
mansini [man-sini] district
mantam [man-tam] province
mboaa [m-bo-aa] package
me [me] I
medaase [me-daa-se] thank you
mede [me-de] mine

megyina abonten na merekasa yi [me-ji-na a-bon-ten-na me-re ka-sa yi] mobile phone

mem [mem] sink

Memeneda [Mi-mi-ni-da] Saturday

mene [mi-ni] (*v.*) swallow

mene mu [mi-ni-mu] throat

mepa wo kyɛw [me-pa wo chew] please

mɛtro gyinabea [me-tro ji-na-bia] metro station

mfasoɔ [m-fa-sour] income, profit

mfe [m-fie] age

mfe du [m-fie du] decade

mfe mpadiɛ [mfi m-pa-die] rib

mfiase [m-fia-se] original

mfidie akɔneaba [m-fi-die i a-ko-nia-ba] traffic

mfie ha [m-fie-ha] century

mfifire [m-fi-fi-re] sweat

mfikyifuo [m-fi-chi-fuo] garden

mfinfini [m-fin-fi-ni] center, middle

mfitiaseɛ [m-fi-ti-a-si-ye] beginning

mfoni [m-fo-ni] photograph, picture

mfoni fo akadeɛ a ɛhyerɛn yerɛw baako [m-fo-ni ho a-ka-die a e-shi-ren ye-rew baako] flash photography

mfoni hwɛ [m-fo-ni shwe] scene

mfoni hwɛbea [m-fo-ni shwe-bia] scenery

mfoni saman [m-fo-ni sa-man] x-ray

mfonini a wode gu anwene ho [m-fo-ni-ni-a wo-de gu a-nwe-ne ho] engraving

mfonitwa afidie [m-fo-ni chwa a-fi-die] camera

mframa [m-fra-ma] air, oxygen, wind

mframagya adekoradan [m-fra-ma-ja a-de-ko-ra-dan] gas tank

miamia [mia-mia] massage

mita [mi-ta] meter

mmɔre [mo-ri] dough

mmɔreka [m-mo-ri-ka] yeast

mmara [m-mara] law

mmara kwan so [m-ma-ra kwan so] legal
mmarahyɛ [m-mra-she] legislature
mmarahyɛbadwa [m-mra-she-ba-jwa] parliament
mmerɛ [m-me-re] (*adj.*) mild, soft; seasonal; (*n.*) season, time, moment
mmerɛbo [m-me-re-bo] liver
mmiensa [mi-en-sa] three
mmienu [m-mie-nu] double, pair
mmire [m-mi-re] mushroom
mmirika [m-mi-ri-ka] run, speed
mmirika ano si [m-mi-ri-ka a-no si] speed limit
mmirikatu susudua [m-mi-ri-ka-tu su-su-dua] speedometer
mmoa [m-moa] aid; animal
mmoa adanfo [m-moa a-dan-fo] pet
mmoa tenabea [m-moa ti-na -bia] zoo
mmoano [m-mo a-no] ration
mmoawa [m-moa-wa] insect; virus
mmoawa ka [m-moa-wa-ka] insect bite
mmogyanam [m-mo-ja -nam] meat
mmorosoɔ [m-mo-ro-sour] excess
mmosa [m-mo-sa] alcohol
mmra baatan [m-mra baa-tan] constitution
mmranimfoɔ [m-mra-ni-mfour] lawyer
mmreo tɔ [m-me-reo to] unconscious
mmuaeɛ [m-mua-ye] reply
mogya [mo-ja] blood
mogya su [mo-ja-su] blood type
mogya tu [mo-ja-tu] bleed
moma [mo-ma] forehead
momono [mo-mo-no] fresh, raw
mpa [m-pa] bed, mattress
mpaboa [m-pa-boa] boot, sandals, shoe
mpanum [mpa-num] dessert
mpasetuo [m-pa-se-tuo] hike
mpata [m-pa-ta] compensation
mpete [m-pi-ti] shower

mpɛn abien [m-pen a-bien] twice
mpo [m-po] even
mpo ano a ebi ayi wɛn ho [m-po a-no-a e-vi ayi wen ho] nudist beach
mpoano [m-poa-no] (*n.*) shore
mponponya [m-pon-pon-ja] blister
mpopaho [m-po-pa-ho] dryer; towel
mpɔtam [m-po-tam] (*adv.*) around; (*n.*) area, neighborhood
mpɔtɛm [m-po-tem] local
mu [mu] inside
muka [mu-ka] stove
mukaase [mu-kaa-si] kitchen

N

nam [nam] sharp
nam yie ho tumi krataa [nam yie ho tumi kra-taa] fishing license
nan [nan] leg
nan kɔn [na-n-kon] ankle
nan soa [nan soa] foot
nana barima [na-na be-ri-ma] grandfather
nanabaa [na-na-baa] grandmother
nane [nani] melt
nankasa tumi [nan-ka-sa tu-mi] automatic
nankwaseni [nan-kwa-si-ni] butcher
nanso [na-nso] but
nante [nan-ti] walk
nanteɛ yareɛ [nan-tie ya-rie] motion sickness
nantwi nam [n-an-chwi nam] beef, steak
nantwi nini [n-an-chwi ni-ni] bull
nantwi nufusuo [n-an-chwi nu-fu-suo] dairy
ne [ni] and
ne nyinaa [ni n-yi-naa] entire, total
nea edi hɔ [nia edi ho] next
nea esua koraa [nia e-sua ko-raa] minimum

nea etwa to [nia e-twa to] last

nea won ne no di nsawɔsoɔ [nia wo ni no di n-sa-wo-sour] client

nɛɛseni [nee-si-ni] nurse

ngo [ngo] olive

ngyegyei [n-je-jie] accent

nhwɛso nhoma [n-hwe-so n-ho-ma] (n.) manual

nhwɛsoɔ [n-shwe-sour] example, sample

nhwehwɛmu [n-shwi-shwe-mu] diagnosis

nhwiren a wodie [n-hwi-ren-a wo-die] artichoke

nhyehyɛe [n-shi-she-ye] schedule

nhyehyɛeɛ [n-shi-she-ye] system, plan

nhyiam [n-shia-mu] meeting, conference, appointment

nhyiam dan [n-shia-mu dan] conference room

nhyiren [n-shi-ren] flower

nim [nim] know

nimdifo a osua suban [nim-di-fo a o-sua su-ban] psychologist

nipa [ni-pa] human

nipadua [ni-pa-dua] body

nipakum [nipakum] murder

nkɔnsɔnkɔnsɔn [n-kon-son-kon-son] chain

nka [nka] odor, smell

nka ho [n-ka ho] without, exclude

nkabom [n-ka-bom] (adv.) together; (n.) union

nkaeɛ [n-kaie] remember

nkaebɔ [n-kai-bo] announcement; signal

nkaebofoɔ [n-kai-bo-four] announcer

nkataho [n-ka-ta-ho] coat

nkatanim [n-ka-ta-nim] (n.) veil

nkatasoɔ [n-ka-ta-sour] lid, cover

nkatasoɔ boɔ [n-ka-ta-sour bour] cover charge

nkateɛ [n-ka-tee] peanuts

nkoasom [n-koa-som] hostage

nkokɔ yɛn [n-ko-ko yen] poultry

nkonta [n-kon-ta] math; account

nkra [n-kra] message
nkramodan [n-kra-mo dan] mosque
nkrataa [n-kra-taa] sheet
nkrataa tintim afidie [n-kra-taa tintim a-fi-die] printer
nkrato [n-kra-to] (*n.*) mail
nkratɔɔ [n-kra-tour] postage
nkratɔɔ krataa [n-kra-tour kra-taa] postcard
nkratɔɔ nɔma [n-kra-tour no-ma] postal code
nkron [n-kron] nine
nkrusɔɔ [n-kru-sour] roof
nkunimdie [n-ku-nim-die] qualify, win
nkurɛfo nhwehwɛmu [n-ku-ro-four n-shwi-hwe mu] reference
nkutahodie [n-ku-ta-ho-die] communication; relationship
nkwa [n-kwa] life
nkwan [n-kwan] soup
nkwanta [n-kwan-ta] intersection, junction
nkyɛn [n-chen] side
nkyekyem [n-kye-kyem] ratio
nkyene [n-chi-ne] salt
nkyerɛkyerɛmu [n-chi-re-chi-re-mu] interpretation
nkyia [n-chi-a] greeting
nna dan [n-na dan] bedroom
nna mu aduradeɛ [n-na mu a-du-ra-die] condom
nnaadaa [n-naa-daa] (*n.*) trick
nnahɔɔ aduru [n-na-hoo a-du-ru] sleeping pills
nnawɔtwe [nna-wo-chwe] week
nnawɔtwe awieɛ [nna-wo-chwe a-wie-ye] weekend
nnawɔtwe da [nna-wo-chwe da] weekday
nne [nni] voice
nneɛma [n-nie-ma] baggage; goods
nneɛma a wɔde ma [n-nie-ma a wo-de ma] supplies
nneɛma a wɔhwehwɛ mu [n-nie-ma-a wo-shwi-shwe-mu] baggage check
nneɛma dwa dan [n-nie-ma jwa dan] grocery store
nneɛma horo afidie [n-nie-ma ho-ro a-fi-die] washing machine

nni ɔfa biara [n-ni o-fa bia-ra] (*adj.*) neutral
nni fie [n-ni fie] homeless
nnidi adwuma [n-ni-di a-jwu-ma] official
nnipa [n-ni-pa] people
nnipa dodoɔ [n-ni-pa do-dour] population
nnipa faahodie [n-ni-pa faa-ho-di] human rights
nnipakuo [n-ni-pa-kuo] crowd
nnora [n-no-ra] yesterday
nnua baa [nnua-baa] sister
nnua neɛma a yɛde siesie dan mu [nnua nniema ye-di
  sie-sie dan mu] furniture
nnuaba turo [n-nua-ba tu-ro] orchard
nnuro adaka [n-nu-ro a-da-ka] first-aid kit
nnwom [n-nwom] music, song
nnye ahonhom nni [n-nye a-hon-hom n-ni] secular
nnye nto mu [n-nyi n-to mu] disagree
nnyensie [n-nyin-sie] reservation
noa [no-a] cook
nokware [no-kwa-ri] (*adj.*) honest; (*n.*) truth
nom [nom] (*v.*) drink
nɔma [no-ma] number
nsa [n-sa] beer, liquor, wine; arm; hand
nsa ka [n-sa ka] receive
nsa tiaa [n-sa tiaa] finger
nsaeɛ [n-sa-ye] contagious
nsakɔn [n-sa-kon] wrist
nsakraeɛ [n-sa-kra-ye] revolution
nsanombea [n-sa-nom bia] bar
nsensan [n-sin-san] grass
nsesa [n-se-sa] (*n.*) change
nsesaho dan [n-ses-a ho dan] changing room
nsɛm asekyerɛfoɔ [n-sem a-si-chi-re-four] translator
nsɛmfua asekyerɛ nhoma [n-sem-fua a-se-chi-re n-ho-ma]
  dictionary
nsɛmkwaeɛ [n-sem-kwa-ye] comedy
nsɛmmisa [n-sem-mi-sa] inquiry

nsɛmtwereni [n-sem chwi-re-ni] journalist

nsɛw fam [n-sew fem] carpet

nsi ananmu [n-si a-nan-mu] spare part

nsi ho [n-si ho] penalty

nsia [n-sia] six

nsiakyiban [n-sia-chi ban] insurance

nsiananmu [n-si a-nan mu] substitute

nsiesie [n-sie-sie] fitting

nsiesie bea [n-sie-sie bia] repair shop

nsiesie dan [n-sie-sie dan] fitting room

nso [n-so] (*adv.*) also; (*n.*) ash

nson [n-son] seven

nsono to yare [n-so-no to ya-re] appendicitis

nsonsoon [n-son-sono] worm

nsɔhwɛ [nso-shwe] test

nsrade [n-sra-de] cosmetics

nsrahwɛfoɔ [n-sra-shwe-four] tourist

nsu dwareɛ [n-su jwa-rie] bathe

nsu popa [n-su po-pa] flush

nsu susuwkuruwa [n-su su-suw-ku-ru-wa] liter

nsufi [nsufi] tea

nsukɔm [n-su-kom] thirsty

nsunsuansoɔ [n-sun-suan-sour] influence

nsuo [n-suo] fluid, liquid, water

nsuo a ɛtɔ [n-suo a eto] rain

nsuo afa no [n-suo afa no] drown

nsuo so akwantuo [n-suo so a-kwan-tuo] navigation

nsuo so asrafoɔ [n-suo so a-sra-four] navy

nsuo susu [n-suo su-su] pint

nsuohyɛn [n-su-shen] boat, ship

nsuohyɛn gyinabea [n-su-shen ji-na-bia] harbor

nsuomunam [n-suo-mu-nam] fish

nsusueɛ [n-su-su-ye] thought

nsutadeɛ [nsu-ta-die] lake

nsuyiri [n-su-yi-ri] flood

ntaban [n-ta-ban] wing

ntadeɛ [n-ta-die] clothing
ntafoɔ [n-ta-four] twin
ntama yɛde pepa nso hogow [n-ta-ma a ye-di pe-pa n-sa ho] napkin
ntamgyinafoɔ [n-tam-ji-na-four] (*n.*) referee
ntamka [n-tam-ka] swear
ntayaa [n-ta-yaa] brick
ntease [n-ti-a-sie] understand
ntease nnim [n-ti-a-sie n-nim] misunderstanding
ntehyeewa [n-ti-shii-wa] asthma
ntesoɔ [n-te-sour] discount
nteteɛ krataa [n-te-te-ye kra-taa] record
ntɛm [n-tem] (*adj.*) early; quick; (*v.*) hurry
ntɛmtɛm [n-tem-tem] rapid
ntia so [n-tia so] accelerator (gas pedal)
ntimsoɔ [n-tim-sour] stamp
ntini [n-ti-ni] vein; pulse; muscle
ntoaseɛ [n-toa-sie] deposit
ntokua [n-to-kua] window
ntom [n-tom] button
ntoma [n-to-ma] cloth
ntomadan [n-to-ma-dan] tent
nton [n-ton] ethnic
ntontom [n-ton-tom] mosquito
ntontom dan [n-ton-tom dan] mosquito net
ntoosi [n-too-si] tomato
ntoso [n-to-so] promotion
ntosoɔ [n-to-sour] bonus
ntrɛnee [n-tre-nii] threat
ntratoɔ adaka [n-tra-tour a-da-ka] postbox
nua barima [nu-a bee-ma] brother
nufusu [nu-fu-su] cheese
nufusuo [nu-fu-suo] milk
nwe [nwe] sour
nwene [n-wi-ni] knit
nwi yi [nwi yi] shave

nwini [n-wi-ni] (*v.*) freeze; (*adj.*) frozen; (*n.*) ice
nwoma [n-nwo-ma] leather; book
nwoma tɔn bea [n-wo-ma ton bia] bookstore
nwomasua [n-wo-ma-sua] education
nwomto afidie [n-wom-to a-fi-die] musical instrument
nwomtofoɔ [n-wo-mto-four] musician
nwono [n-wo-no] bitter
nwotwe [n-wo-chwe] eight
nwunu [n-wu-nu] cold
nwura mu [n-wu-ra mu] entry
nyɛ [n-ye] undo
nyɛ ahotɔ [n-ye a-ho-to] uncomfortable
nyɛn [nye-n] (*adj.*) rear
nya [nya] get
nyane [n-ya-ni] revive, wake, awake
nyansa [n-yan-sa] wisdom
nyansapɔ [nyansa po] puzzle
nyansasɛm [nya-nsa-sem] reasonable
nyegyeɛ [nyi-ji ye] sound
nyinaa [n-yi-naa] all
nyini prɔmprɔm [ny-in prom-prom] flourish
nyinsɛn [n-yin-sen] pregnant
nyiyimu [m-yi-yi mu] selection

O

obaasima [o-baa-si-ma] lady
obi [o-bi] someone
obi a odi anwomtofoɔ anim [o-bi-a o-di an-yom-to-four e-nim] conductor
obi a okyi nam [o-bi-a o-chi nam] vegetarian
obi a ontumi nwo [o-bi-a on-tu-mi nwo] sterile
obi a onwiinwii [o-bi-a o-ka-sa ti-a] Protestant
obi a osuro po so akwantu [o-bi-a o-su-ro po so a-kwan-tu] seasick
obi a ɔhae dan [o-bi a o-hai dan] tenant

obi a ɔhwɛ mmɔfra so [o-bi-a o-shwe m-mo-fra-so] babysitter

obi a ɔnni mogya [o-bi-a o-nni mo-gya] anemic

obi a ɔnyɛ ɔsraani [o-bi-a o-nye o-sraa-ni] civilian

obi a ɔte biribi mu [o-bi-a ote biribi mu] occupant

obi a ɔwɔ asikyire yareɛ [o-bi a o-wo e-si-chi-re ya-rie] diabetic

obi a ɔyɛ nnidi adwuma [o-bi-a o-ye n-ni-di a-dwu-ma] officer

obi a yɛsusu sɛ wɔayɛ biibi [o-bi a ye-su-su se waye biibi] (*n.*) suspect

obi biara [o-bi bi-ara] anybody, anyone

obi da ne ho adi [o-bi da ni ho a-di] introduce oneself

obo [o-bo] cliff

Obubuo [O-bu-buo] November

obuo [o-buo] (*adj.*) polite; (*n.*) respect

odaduani [o-da-dua-ni] prisoner

odukro [o-du-kro] mayor

oduruyɛfoɔ [o-du-ru-ye-four] physician

odwadini [o-jwa-di-ni] merchant

odwan [o-juan] sheep

ofimpamfo [o-fim-pam-fo] neighbor

ofise [o-fi-se] office

Oforinsuo [O-fo-ri-su-o] April

oguamaa [o-guam-aa] lamb

ogya [e-ja] firewood

ogya ho kɔkɔbɔ dɔn [o-ja ho ko-ko-bo don] fire alarm

ohia [o-hia] poverty

ohoni [o-ho-ni] statue

okusie [o-ku-sie] rat

onipa [oni-pa] person

opera [opra] opera

oprehyɛn [o-pre-shen] surgery

oprehyɛnyɛfoɔ [o-pre-shen-ye-four] surgeon

osugyani [osu-ja-ni] single (n.)

otukɔtenani [o-tu-ko-ti-na-ni] immigrant

owura [o-wu-ra] sir

Owurayere [O-wu-ra-ye-re] (*title*) Mrs.
Owuru [O-wu-ra] (*title*) Mr.
oyikyerɛ [o-yi-chi-re] drama
oyima [o-yi-ma] deny

Ɔ

ɔbɔfoɔ [o-bo-four] hunter
ɔba anaa barima bɔsu [obaa a-naa bee-ma bosu] sex
ɔbaa [o-baa] female, girl, woman
ɔbarima [o-ba-ri-ma] man
ɔbenfo [o-ben-fo mu ku-ni-ni] professor
ɔbodan [o-bo-dan] cave
ɔdɔ [o-do] love
ɔdɔdi [o-do-di] romantic
ɔdadini [o-da-di-ni] senator
ɔdebisafoɔ [o-de-bi-sa-four] fortune teller
ɔfa [o-fa] section
ɔfrɛ nɔma [o-fre no-ma] dialing code
ɔgyeɛ [o-jie] rescue
ɔgyefue [o-gye-fui-e] February
ɔhɔhoɔ [o-ho-hour] guest, visitor; stranger
ɔha [o-ha] hundred
ɔha nkyekyemu [o-ha n-che-che-mu] percent
ɔhaw [o-haw] problem
ɔhene [o-hi-ni] (*adj.*) chief
ɔho nsɛm [e-ho n-sem] (*n.*) profile
ɔhokafoɔ [o-ho-ka-four] partner
ɔhyɛ [o-she] mandatory
ɔhyɛ a wode gye biribi [o-she-a wo-de ji bii-bi] rip
ɔhyɛ nna [o-she n-na] curfew
ɔhyew [o-shew] (*n.*) heat; (*adj.*) warm
ɔhyew ano den [o-shew a-no din] temperature
ɔka si anim [o-ka si a-nim] zipper
ɔka twerɛ [oka chwi-re] dictate
ɔkasamu [o-ka-sa-mu] sentence

ɔko [o-ko] battle, war

ɔkokorani [o-ko-ko-ra-ni] nun

ɔkraman [o-kra-man] dog

ɔkrɔnfoɔ [o-kron-four] thief, intruder

ɔkwan a wo ne obi di [o-kwan-a wo-ne o-bi di] treat

ɔkwantuni [o-kwan-tu-ni] passenger

ɔkyena [o-chi-na] tomorrow

ɔkyerɛkyerɛfoɔ [o-chi-re-chi-re-four] tutor

ɔkyerɛkyerɛni [o-chi-re-chi-re-ni] teacher

ɔman ahomatrofoɔ nɔma [o-man a-ho-ma-tro-four no-ma] country code

ɔman [o-man] country, nation, state

ɔman a ɛhyɛ obi ase [o-man a e-she obi asi] territory

ɔman foforɔ mu sumafo [o-man fo-fo-ro mu su-ma-fo] diplomat

ɔmanba [o-man-ba] citizen

ɔmanpanin [o-man-pa-nin] president

ɔmantam [o-man-tam] region

ɔno [o-no] he, she

ɔpanin [o-pe-nin] adult, senior

ɔpepem [o-pe-pem] million

Ɔpɛnimma [O-pe-nim-ma] December

Ɔpɛpɔn [O-pe-pon] January

ɔpofoni [o-po-fo-ni] fisherman

ɔpon [o-pon] lobby

Ɔsanaa [O-sa-naa] August

ɔsɛɛ [o-see] ruins

ɔsom [o-som] religion

ɔsom adwuma [o-som a-jwu-ma] service

ɔsomafoɔ [o-so-ma-four] messenger

ɔsomfoɔ [o-som-four] servant

ɔsɔfo [o-so-fo] priest

ɔsraani [o-sraa-ni] soldier

ɔtan [o-tan] hostile

ɔtanfo [o-tan-fo] enemy

ɔtɔfoɔ [o-to-four] customer

ɔtwe [san yi] withdrawal
ɔtwerɛfoɔ [o-chwi-re-four] secretary
ɔwɔ [o-wo] snake
ɔyarefoɔ [o-ya-re-four] (adj.) disabled; (n.) patient
ɔyaresafo a ɔhwɛ se [o-ya-re-sa-fo-a o-hwe se] dentist
ɔyaresafoɔ [o-ya-re-sa-four] doctor
ɔyɛfoɔ [o-ye-four] activist

P

pa kyew [pa-chew] apologize
pa pa [pa pa] (adj.) correct
paa [paa] very
paanoo [paa-noo] bread
paanoo a abom hyɛm [paa-noo-a a-bom she-mu] sandwich
pam [pam] sew, stitch
pan [pan] pan
paneɛ [pa-ni-ye] syringe, needle
panoo [pa-noo] pastry, pie; pasta; loaf
panpim [pen-pim] barrier
papa [pa-pa] (n.) father; (adj.) good, quality, proper
papa paa [pa-pa paa] first-class
patom [pa-tom] corner
patɔm [pa-tom] balcony
paw [paw] (v.) select
pepa [pe-pa] (v.) clean, dust, wipe
pɛ [pe] (v.) like, prefer; (adv.) only
pɛpɛɛpɛ [pe-pee-pe] accurate, equal, exact, same
pɛpu [pe-pu] flu
pɛyɛ [pe-ye] perfect
pia [pia] push
pikinki [pi-kin-ki] picnic
pira [pi-ra] (v.) assault, harm, hurt; (n.) injury
plug [plog] plug
po mu nam [po mu nam] seafood
po so akwantu [po so a-kwan-tu] sail

polisi [po-li-si] police
poma [po-ma] staff
pon ano [pon a-no] entrance
pontoɔ [pon-tour] party
poolu [poo-lu] acre (0.4 hectares)
poosu ɔfese [poosu ofisi] post office
posena [po-si-na] octopus
pɔ [po] ramp
pɔɔlɔ [poo-lo] jug
pɔmpe [pom-pi] pump
pɔnko [pon-ko] horse
prako [pre-ko] pig
prɛko pɛ [pre-ko pe] once
prɛkonam [pre-ko-nam] pork
prɛmtobre [prem-to-bre] midday
prɛte [pre-ti] plate
prɔ [pro] (v.) rot
prɔeɛ [pro-ye] corrupt
putupru [pu-tu-pru] emergency

R

reda [ii-da] bedding
rehono [ri-ho-no] swelling
resɔ kanea [re-so ka-nia] lighting
reyɛ mfomsoɔ [ri-ye m-fom-sour] trespassing
rɔba [ro-ba] plastic; rubber

S

sa [sa] cure
saa [saa] that
safoa [sa-foa] key
salade [saladi] salad
saman [sa-man] summon
samina [sa-mi-na] detergent, soap

samina nsuo [sa-mi-na n-suo] shampoo
san [san] infect
san dan [san dan] recycle
san dan ho [san dan ho] (*v.*) return
san tua [san tua] (*v.*) refund, repay
san yare [san ya-re] infection
sankuo [san-kuo] organ, piano
santene [san-tini] queue
santom [san-tom] potato
se brɔɔs [se broos] toothbrush
seisei ara [se-si ara] now, soon
sekanma [si-kanma] knife
semɛnte [se-men-te] cement
sere [se-re] laugh
sereɛ [se-ri-ye] smile
sesa [si-sa] (*v.*) change, exchange
sese [si-si] (*v.*) estimate
setwitwi aduro [se-chwi-chwi e-du-ro] toothpaste
sɛ [se] if
sɛe [sei] damage
sɛn [sen] how
she [she] order
si ananmu [si a-na-n-mu] replace
si gyinaeɛ [si ji-na-ye] decide
si so dua [si so dua] confirm
sie [sie] bury; quarantine
sie biribi [sie bii-bi] conceal
siesie [sie-sie] repair
siesie ho [sie-sie ho] (v.) dress
sika [si-ka] (*n.*) cash, currency, money
Sika afidie [S-ika a-fi-die] ATM
sika akontaa agyiraehyɛde [si-ka a-kon-taa a-ji-ra-e-she-de] bank account
sika dodoɔ [si-ka do-dour] mint
sika korabea [si-ka ko-ra-bia] bank
sika kotoku [si-ka ko-to-ku] purse, wallet

sika kɔkɔɔ [si-ka ko-koo] gold
sika sesa [si-ka se-sa] currency exchange
sika sesa gyinapɛn [si-ka se-sa ji-na-pen] exchange rate
sima [si-ma] minute
sini [si-ni] cinema, film, movie, video
sinihwɛbea [si-ni shwe-bia] movie theater
skɛɛte [skee-ti] skirt
skruu draiba [skruu-dra-iba] screwdriver
so [so] on, over
soa [soa] carry
som wo ho [som wo ho] self-service
soma [so-ma] send
somoɔ [so-mour] (*n.*) charge
sonkosuoscript [son-kon-suo] flea
sononko [so-no-nko] different; special
soom [som] serve
sopɛ [so-pe] spell
soro [so-ro] (*n.*) altitude, top; (*adv.*) up
soro foro afidie [so-ro fro a-fi-die] escalator
soronko [so-ron-ko] (*adj.*) separate
sotɔɔ [sotoo] store
sɔ hwɛ [so-shwe] try
sra [sra] visit
sradɛɛ [sra-die] cream
srɛ [sre] appeal; thigh
srɛso abɛɛfo afidie badwemma [sre-so a-bee-fo e-fi-die ba-jwem-ma] laptop
su [su] (*v.*) cry; (*adj.*) kind
sua [sua] study
sua adeɛ [sua a-dee] learn
suahunu [sua-hu-nu] experience
subonto [su-bon-to] ferry
sukuchia adaka [su-ko-chia adaka] refrigerator
sukuu [su-kuu] academy, institution, school
sukuu atadeɛ [su-kuu a-taa-dee] uniform
sukuu baage [su-kuu baa-ge] backpack

sukuuni [su-kuu-ni] student
sukuupɔn [su-kuu-pon] university
sum afidie [sum e-fi-die] (v.) trap
sumueɛ [su-muie] pillow
supɔw [su-pow] fountain
suro [su-ro] afraid
susu [su-su] measure
susuhoma [su-su-ho-ma] tape
susuw muduro [su-suw muduro] weigh

T

taa [taa] cigarette
taa so [taa-so] jam
taasii [taa-sii] taxi
tantra nam [tan-tra nam] shellfish
te ase [ti a-se] alive
tea mu [tia mu] shout
teaa [tiaa] narrow
teaseɛnam [tea-see-nam] trolley, cart
tee [tii] straight
tekiti [te-ki-ti] ticket
tena [te-na] (v.) live
tena [ti-na] stay
tena ase [ti-na-a-si] sit
tenabea [te-na-bea] accommodation
tenten [tin-tin] long, tall
tete awene [ti-ti an-wi-ni] antique
tete nnoɔma akoraeɛ [ti-ti n-noo-ma a-ko-ra-ye] museum
tɛtrɛtɛ [te-tre-te] flat
ti [ti] chapter; head
ti kwankora [ti-kwan-ko-ra] skull
ti mu [ti mu] repeat
ti nkwa [ti n-kwa] lucky
ti nwi [ti nwi] hair
ti pae [ti pai] migraine

ti yɛ bea [ti ye bia] salon
tia [tia] (*adj.*) short; (*prep.*) against
tia mmara [tia m-mra] illegal
tia mu [tiam] yell
tiafi [tie-fi] toilet
tiafi krataa [tie-fi kra-taa] toilet paper
tie [tie] hear, listen
tie hwɛ [tie shwe] television
tiri a ɛnyɛ [tiri pa] fortune
tirim pɔw [ti-rim pow] project
titire [ti-ti-ri] main
to [to] iron; shoot; throw
to gu [to gu] ignore
to hyɛ so [to-she so] attack
to mmonaa [to mmo-naa] rape
to mu [to mu] close, shut, lock, lock out
to nkra [to n-kra] (*v.*) mail
to nsa frɛ [to n-sa fre] invite
to nwom [to n-wom] sing
to wo ho to [to wo ho to] dive
tokuro [to-ku-ro] hole; tunnel
tokuro a nsuo fa mu [to-ku-ro-a n-suo fa mu] drain
tooeɛ [too-ye] shot
topae [to-pae] pill
topaeɛ [to-pa-ye] (*n.*) bomb; (*adj.*) nuclear
toromtorom [trom-trom] (*adj.*) smooth
tow aba [tow a-ba] vote
tɔ [to] buy, purchase
tɔfe [to-fe] candy
tɔn [ton] (*n.*) sale; (*v.*) sell; (*adj.*) sold out
tɔneeɛ [ton-ye] sold
triangle [trai-an-gl] triangle
trɔsa [tro-sa] pants
trɔtrɔ [tro-tro] cab
trɔtrɔ [tro-tro] public transportation
tu [tu] evacuate; fly

tu dua [tu dua] transplant
tu hyɛ da [tu she da] postpone
tu kar [tu kar] ignition
tu mi [tu mi] able
tua [tua] pay
tuakoto [chwa-ko-to] underwear
tue [tue] puncture
tumi [tu-mi] might, power
tumi krataa [tumi kra-taa] license
tumidie [tu-mi-die] authority
tuntum [tun-tum] black
tuo abobaa [tuo a-bo-baa] bullet
tuum [tu-um] dark
twɛn [chwen] wait
twa [chwa] cut, scar
twa so [chwa so] (*v.*) limit
twam [chwam] (*prep.*) through, across; (*v.*) cancel
twe [chwi] retrieve, withdraw, pull
twe aso [chwi a-so] punish
twene [chwi-ni] bridge
twerɛ [chwi-re] copy, write
twerɛ dua [chwi-re dua] pencil
twerɛ kronkron [chwi-re kro-nkron] Bible
twerɛdua [chw-re-dua] pen
twerɛfoɔ [chw-re-four] author
twi [twi] choke

W

wa [wa] (*n.*) cough; (*adj.*) far
ware [ware] marry
we [we] chew
wheat [whiit] wheat
wheel [whiil] wheel
wia [wia] rob, steal
wiase [wia-se] world

wiem nsakraɛ [wiem n-sa-kra-ye] climate
wiemuhyɛn [wiemu-shen] plane, airplane
wiemuhyɛn adwuma [wiemu-shen a-jwu-ma] airline
wiemuhyɛn akwantuo [wiemu-shen a-kwan-tu] flight
wiemuhyɛn gyinabea toɔ [wiemu-shen ji-na-bia –tour] airport tax
wiemuhyɛn gyinabea [wiemu-shen ji-na-bia] airport
wiemuhyɛn nɔma [wiemu-shen no-ma] flight number
wimhyɛn adwa ntɛm kwan [wim-hyen a-dwa n-tem kwan] aisle
wo [wo] you
wobegyina bere a wotu kwan [wo-be-ji-na be-re-a wo-tu kwan] layover
wonworan [wo-nwo-ran] complicated
wotumi ma so [wo-tu-mi ma so] portable
wotumi to twene [wo-tu-mi to chwi-ni] disposable
wowa [wo-wa] bee
wɔ [wo] (*v.*) inject; own; (*n.*) pound
wɔ hɔ [wo ho] available
wɔ soro [wo so-ro] above
wɔama nam yie ho kwan [wo-a-ma nam yie ho kwan] fishing permitted
wɔfa [wo-fa] uncle
wɔfaase baa [wo-faa-se baa] nephew
wɔfase barima [wo-fa-se bee-ma] niece
wɔn [won] they
wɔnnye sika [wo-ngye si-ka] duty-free
wu [wu] die
Wukuada [Wu-ku-a-da] Wednesday
wura [wu-ra] owner
wura mu [wura mu] enter
wuramu [wu-ra-mu] wild
wusie [wu-sie] smoke

Y

ya [ya] (*adj.*) sore
ya yo [ha yo] hunt
yafono [ye-fo-no] stomach
yare [ya-re] sick
yareɛ [ya-rie] disease, illness
yarewa [ya-re-wa] influenza
yaw [yaw] pain
Yawoada [Ya-woa-da] Thursday
yɛ [ye] (*v.*) be (am, is, are, was, were, been); act
yei [yei] this
yen [yen] our
yera [yi-ra] lost
yere [yi-ri] wife
yɛ [ye] do, make; insult
yɛ ayayade [ye a-ya-ya-de] torture
yɛ yaw [ye yaw] painful
yɛansiesie [ya-sie-sie] furnished
yɛn [yen] we
yi [yi] remove
yi kyerɛ [yi chi-re] (*adj.*) outdoor
yi sika [yi si-ka] (*v.*) cash
yi ti nwi [yi ti nwi] barber
yikyerɛ [yi-chi-re] (v.) exhibit
yiwan [yi-wan] razor
yoghurt [yo-got] yogurt
yommo [yom-mo] dye
yoo [yoo] OK
yɔnko barima [yo-nko be-ri-ma] boyfriend
Yudani [Yu-da-ni] Jew
Yurop Abrokyiri ni [yurop A-bro-kyi-ri-ni] European

ENGLISH–ASANTE TWI DICTIONARY

A

able tu mi [tu mi]
about bɛyɛ [be-ye]
above wɔ soro [wo so-ro]
academy sukuu [su-kuu]
accelerator (*gas pedal*) ntia so [n-tia so]
accent ngyegyei [n-je-jie]
accept gye to mu [je-to mu]
access (*n.*) akwanya [a-kwan-ya]
accident akwanhyia [a-kwan-shia]
accommodations tenabea [te-na-bea]
account nkonta [n-kon-ta]
accountant fotosanfoɔ [fo-to-san-four]
accurate pɛpɛɛpɛ [pe-pee-pe]
accuse bɔ kwaadu [bo kwee-du]
acre (**0.4 hectares**) poolu [poo-lu]
across twam [chwam]
act (*v.*) yɛ [ye]
activist ɔyɛfoɔ [o-ye-four]
activity ayɛdeɛ [a-ye-die]
actor agorɔdifo [a-go-ro-difo]
actual ankasa [an-ka-sa]
add fa ka ho [fa ka ho]
address (*n.*) akyiriakwan [e-chi-a-kwan]
administration bea a wɔhwɛ ma dwumadi kɔ so [bi-a-a wo-hwe-ma dwu-ma-die ko-so]
admission afoforofoɔ gyeɛ wɔ sukuu mu [afo-fo-ro-four jie wo su-kuu mu]
admit gye obi [ji obi]
adult ɔpanin [o-pa-nin]
advertisement dawurubɔ [de-wu-ru-bo]
afraid suro [su-ro]
after a-kyi [e-chi]
afternoon awia bere [a-wia be-re]
again bio [bio]

against tia [tia]
age mfe [m-fie]
agency (*n.*) adwumakuo [a-jwu-ma kuo]
agent ananmusini [a-nan-mu-si-ni]
agree gye to mu [ji to mu]
agriculture kuadwuma [kua-ju-ma]
aid mmoa [m-moa]
AIDS babaso wiɛmfoɔ [ba-ba-so wiem-four]
air mframa [m-fra-ma]
air conditioning abɔmframa [a-bom-fra-ma]
airline wiemuhyɛn adwuma [wie-mu-shen a-jwu-ma]
airplane wiemuhyɛn [wie-mu-shen]
airport wiemuhyɛn gyinabea [wie-mu-shen ji-na-bia]
airport tax wiemuhyɛn gyinabea toɔ [wie-mu-shen
    ji-na-bia –tour]
aisle wimhyɛn adwa ntɛm kwan [wim-hyen a-dwa n-tem
    kwan]
alarm dɔn [don]
alcohol mmosa [m-mo-sa]
alive te ase [ti a-se]
all (*pron.*) nyinaa [n-yi-naa]
allergy akyiwadeɛ [e-chi-wa-die]
alley kwan hweahwea [kwan hwi-a-hwi-a]
allow ma kwan [ma kwan]
allowed ama kwan [a-ma kwan]
almond abrɔfo nkateɛ [a-bro-fo n-ka-tie]
alone ankonam [an-ko-nam]
also nso [n-so]
altar (*n.*) afɔrepono [a-fo-ri-po-no]
altitude soro [so-ro]
aluminum foil alomi dadie [a-lo-mi da-die]
always (*adv.*) bere biara [be-re biaa]
ambassador ananmusini [a-nan-mu-si-ni]
ambulance ayarefoɔ hyɛn [a-ya-ri-four shen]
amenities akadeɛ [a-ka-die]
among ka ho [ka ho]

amount (*n.*) dodoɔ [do-dour]

and ne [ni]

anemic obi a ɔnni mogya [o-bi-a o-nni mo-gya]

anesthetic aduru a ɛte yaw so [a-du-ru-a e-ti yaw so]

angry bo afu [bo-afu]

animal aboa [a-boa], mmoa [m-moa]

ankle nan kɔn [na-n-kon]

anniversary afirihyia [a-fi-ri-shia]

announcement nkaebɔ [n-kai-bo]

announcer nkaebofoɔ [n-kai-bo-four]

annual afe [a-fe]

antibiotics aduru a ɛkum mmoawamoawa [a-du-ru-a e-kum
  m-moa-wa-moa-wa]

antifreeze ɛkyi nwunu [e-chi nwu-nu]

antique tete awene [ti-ti an-wi-ni]

antiseptic aduru a ɛkum mmoawamoawa [e-du-ru-a e-kum
  m-moa-wa-moa-wa]

any ebiara [ebi-aa]

anybody obi biara [o-bi bi-ara]

anyone obi biara [o-bi bi-ara]

anything adeɛ biara [a-di-ye bi-ara]

anywhere baabiara [baa-bi-ara]

apartment efie [e-fie]

apologize pa kyew [pa-chew]

appeal srɛ [sre]

appear ba [ba]

appendicitis nsono to yare [n-so-no to ya-re]

appetite anom dɛ [a-nom-de]

apple aplɛ [aple]

appointment nhyiam [n-shia-mu]

apricot aduaba [e-dua-ba]

April Oforinsuo [O-fo-ri-su-o]

architecture dansie [dan sie]

area mpɔtam [m-po-tem]

argue akyingyeɛ [a-chi-n-jie]

arm nsa [n-sa]

army asraafoɔ [a-sraa-four]
around mpɔtam [m-po-tam]
arrest (*v.*) kyere [chi-re]
arrive duru [du-ru]
art adwini [a-jwi-ni]
arthritis ahotutuo [a-ho-tu-tuo]
artichoke nhwiren a wodie [n-hwi-ren-a wo-die]
ash nso [n-so]
ask bisa [bi-sa]
asleep ada [a-da]
aspirin aspirin [as-pi-rin]
assault pira [pi-ra]
assist boa [boa]
associate (*n.*) boafoɔ [bo-afour]
asthma ntehyeewa [n-ti-shii-wa]
ATM Sika afidie [S-ika a-fi-die]
attack to hyɛ so [to-she so]
attorney kwaadubɔfoɔ [kwe-du-bo-four]
August ɔsanaa [o-sa-naa]
author twerɛfoɔ [chw-re-four]
authority tumidie [tu-mi-die]
automatic nankasa tumi [nan-ka-sa tu-mi]
automatic transmission afidie a nankasa tumi sesa
        [a-fi-die-a na-nka-sa tu-mi se-sa]
automobile afidie a ɛnate [a-fi-die-a e-na-te]
available wɔ hɔ [wo ho]
avenue abɔnten [a-bon-tin]
avoid kyi [chi]
awake nyane [n-yani]
away kɔ [ko]
axle bea a afidie kyim [bia-a a-fi-die chim]

B

baby akɔdaa [a-ko-daa]
baby wipes akwadaa mpepaho [a-kwo-daa m-pi-pa-ho]

babysitter obi a ɔhwɛ mmɔfra so [o-bi-a o-shwe m-mo-fra-so]

back akyi [e-chi]

backpack sukuu baage [su-kuu baa-ge]

bad bɔne [bo-ni]

bag kotoku [ko-to-ku]

baggage nneɛma [n-nie-ma]

baggage check nneɛma a wɔhwehwɛ mu [n-nie-ma-a wo-shwi-shwe-mu]

bakery bea a yɛto paanoo [bia a ye-to paanoo]

balcony patɔm [pa-tom]

ball bɔɔl [bool]

banana kwadu [kwe-du]

bandage akyekyere [a-chi-chi-re]

bank sika korabea [si-ka ko-ra-bia]

bank account sika akontaa agyiraehyɛde [si-ka a-kon-taa a-ji-ra-e-she-de]

bar nsanombea [n-sa-nom bia]

barber yi ti nwi [yi ti nwi]

barrel ankorɛ [an-ko-re]

barrier panpim [pen-pim]

base aseɛ [asi-ye]

basement aseɛ hɔ [asi-ye ho]

basin agbaa [a-gbaa]

basket kɛntɛn [ken-ten]

basketball basket ball [basket bool]

bat apan [a-pan]

bath dware [jwa-re]

bath towel adwareɛ mpopa ho [a-jwa-ri-ye m-po-pa-ho]

bathe nsu dwareɛ [n-su jwa-rie]

bathing suit adware atadeɛ [a-jwa-re a-taa-de]

bathroom adwaeɛ [a-jua-ie]

battery buruwade [bu-ru-wa-de]

battle (*n.*) ɔko [o-ko]

be (*v.,* **am, is, are, was, were, been**) yɛ [ye]

beach ɛpo ano [e-po-ano]

bean adua [e-dua]

beautiful fɛɛfɛ [fee-fe]
because of efisɛ [e-fi-se]
become (*v.*) bɛyɛ [be-ye]
bed mpa [m-pa]
bedding reda [ii-da]
bedroom nna dan [n-na dan]
bee wowa [wo-wa]
beef nantwi nam [nan-chwi nam]
beer nsa [n-sa], beer [bie]
before (*prep.*) ansa [an-sa]
beggar adesrɛfoɔ [a-de-sre-four]
beginning mfitiaseɛ [m-fi-ti-a-si-ye]
behind akyi [e-chi]
believe gyidi [ji-di]
bell dɔn [don]
below ase [a-se]
berry bobe [bo-be]
beverage anone [a-no-ne]
beware hwɛ yie [shwe yi-ye]
Bible twerɛ kronkron [chwi-re kro-nkron]
bicycle dade pɔnkɔ [da-di pon-ko]
big kɛse [ke-si]
bill ɛka [e-ka]
birth certificate awoɔ din krataa [a-wour din kra-taa]
birthday awoda [a-wo-da]
bite ka [ka]
bitter nwono [n-wo-no]
black tuntum [tun-tum]
blanket kuntu [kun-tu]
bleed mogya tu [mo-ja-tu]
bless hyira [shi-ra]
blind anifiraeɛ [a-ni-fi-rai-ye]
blister mponponya [m-pon-pon-ja]
blood mogya [mo-ja]
blood type mogya su [mo-ja-su]
blue ebiri [e-bi-ri], bluu [blu-u]

boarding pass akwantu krataa ntoaso [a-kwan-tu kra-taa n-toa-so]

boat nsuohyɛn [n-su-shen]

body nipadua [ni-pa-dua]

bomb topaeɛ [to-pa-ye]

bone dompe [dom-pey]

bonus ntosoɔ [n-to-sour]

book nwoma [n-wo-ma]

bookstore nwoma tɔn bea [n-wo-ma ton bia]

boot mpaboa [m-pa-boa]

border ɛhyeɛ [e-shie]

bottle ɛtoa [e-toa]

bottom (*n.*) ɛtoɔ [e-tour]

box (*n.*) adaka [a-da-ka]; (*v.*) fa gu adaka mu [fa gu a-da-ka mu]

boy abarimaa [a-be-ri-maa]

boyfriend yɔnko barima [yo-nko be-ri-ma]

brake (*n.*) agyinadeɛ [a-ji-na-die]

bread paanoo [paa-noo]

break (*v.*) gyina [ji-na]

breakfast anɔpa aduane [a-no-pa a-dua-ni]

breathe (*v.*) home [ho-me]

bribe adamudeɛ [a-da-mu-die]

brick ntayaa [n-ta-yaa]

bridge twene [chwi-ni]

bring (*v.*) fa bra [fa-bra]

broken abu [a-bu]

brother nua barima [nu-a bee-ma]

brown ahaban dada [a-ha-ban da-da]

building ɛdan [e-dan]

bull nantwi nini [n-an-chwi ni-ni]

bullet tuo abobaa [tuo a-bo-baa]

bureaucracy dibea nnidisoɔ wɔ aban adwuma mu [di-bia n-ni-di-sour wo a-ban a-jwu-ma mu]

bury sie [sie]

bus hyɛn [shen]

bus terminal hyɛn gyinabea [shen ji-na-bia]

business adwuma [a-jwu-ma]
busy adagye nni hɔ [a-da-ji n-ni ho]
but (*conj.*) nanso [na-nso]
butcher nankwaseni [nan-kwa-si-ni]
butter bɔta [bo-ta]
button ntom [n-tom]
buy tɔ [to]

C

cab trɔtrɔ [tro-tro]
cabinet kabinete [ka-bi-neti]
cable ahoma [a-ho-ma]
cable TV ahwɛmfoni a ahoma sa so [a-shwe-m-fo-ni a
    a-ho-ma sa so]
café adidibea ketewa [e-di-di-bia ki-ti-wa]
cage ebuo [e-buo]
cake keeki [kee-ki], kaki [ka-ki]
calendar kalanda [ka-lan-da]
call (*v.*) frɛ [fre]
camera mfonitwa afidie [m-fo-ni chwa a-fi-die]
camp ashiadie [e-shia-die]
campground bea a yedi ahyia [bia a ye-di e-shia]
can (*modal v.*) bɛtimu [be-tu-mi]
cancel twam [chwam]
candy tɔfe [to-fe]
car kaa [kaa]
card kad [kad]
carpet nsɛw fam [n-sew fem]
carrot karɔte [ka-ro-te]
carry soa [soa]
carry-on kɔ so [ko-so]
cart teaseɛnam [tea-see-nam]
case asɛm [a-sem]
cash (*v.*) yi sika [yi si-ka]; (*n.*) sika [si-ka]
casual daadaa [daa-daa]

cat agyinamoa [e-ji-na-moa]
catch (*v.*) kyere [chi-ri]
cathedral bishɔp atenaeɛ [bi-shop a-ti-na-ye]
cattle anantwie [a-nan-twi]
cave ɔbodan [o-bo-dan]
CD apaawa [a-paa-wa]
cement semɛnte [se-men-te]
cemetery amusieɛ [a-mu-sie]
cent abrokyifoɔ sika [a-bro-chi-four si-ka]
center mfinfini [m-fin-fi-ni]
century mfie ha [m-fie-ha]
cereal awi [a-wi]
chain nkɔnsɔnkɔnsɔn [n-kon-son-kon-son]
chair akonwa [a-kon-jwa]
champagne bobe nsa [bo-be n-sa]
change (*v.*) sesa [si-sa]; (*n.*) nsesa [n-se-sa]
changing room nsesaho dan [n-ses-a ho dan]
channel kwan [kwan]
chapel asɔredan [a-so-ri-dan]
chapter ti [ti]
charge (*n.*) somoɔ [so-mour]
cheap boɔ yɛ fo [bour ye fo]
check (*v.*) hwɛ [shwe]; (*n.*) ahwɛ [a-shwe]
check in bra mu [bra-mu]
check out fi adi [fi-e-di]
checkpoint bea a wohwehwɛ ho [bia-a wo-shwe-shwe ho]
cheese nufusu [nu-fu-su]
chef aduane noafoɔ [a-dua-ne no-a-four]
chemical aduru [a-du-ru]
chew we [we]
chicken akokɔnam [a-ko-ko nam]
chickpeas chickpeas [chik piis]
chief (*adj.*) ɔhene [o-hi-ni]
child abɔfra [abofra]
childcare abofrahwɛ [a-bo-fra-shwe]
chocolate chocolate [cho-ko-ley-ti]

choke twi [twi]
church asɔre [a-so-ri]
cigarette taa [taa]
cinema sini [si-ni]
cinnamon aduane duru [a-dua-ne du-ru]
circle kanko [kan-ko]
citizen ɔmanba [o-man-ba]
city kuro kɛseɛ [ku-ro kesie]
civilian obi a ɔnyɛ ɔsraani [o-bi-a o-nye o-sraa-ni]
clap bɔ nsa mu [bo n-sem]
class gyinapɛn [ji-na-pen]
classic ɛwɔ soro [e-wo so-ro]
clean pepa [pe-pa]
client nea won ne no di nsawɔsoɔ [nia wo ni no di n-sa-wo-sour]
cliff obo [o-bo]
climate wiem nsakraeɛ [wiem nsakra-ye]
climb fro [fro]
clinic ayaresabea ketewa [a-ya-ri-sa-bia ki-ti-wa]
clock dɔn [don]
close (*adv.*) bɛn [ben]; (*v.*) to mu [to mu]
closed ato mu [a-to mu]
cloth ntoma [n-to-ma]
clothing ntadeɛ [n-ta-die]
club ekuo [e-kuo]
clutch pedal afidie mu nan ase ntiaso [a-fi-die mu nan a-se
    n-tia-so]
coast ɛpo ano [e-po-a-no]
coat nkataho [n-ka-ta-ho]
cocoa kookoo [koo-koo]
coconut kube [ku-be]
coffee kɔfe [ko-fi]
coin dwetɛ [jwee-tee]
cold nwunu [n-wu-nu], ɛdwo [e-jwuo]
collect gye [ji]
color ahosuo [a-ho-suo]
comb afe [a-fi]

come bra [bra]
comedy nsɛmkwaeɛ [n-sem-kwa-ye]
comfortable ahotɔ [a-ho-to]
commission badwa [be-jwa]
communication nkutahodie [n-ku-ta-ho-die]
companion ahokafoɔ [a-ho-ka-four]
company adwumakuo [a-jwu-ma-kuo]
compare fa toto ho [fa to-to ho]
compensation mpata [m-pa-ta]
complain ka kyerɛ [ka chi-re]
complicated wonworan [wo-nwo-ran]
compromise gyae ma no nka [jai ma no nka]
computer abɛɛfo afidie badwenma [a-bee-fo afi-die ba-jwima]
conceal sie biribi [sie bii-bi]
concert aseresɛm [asi-ri-sem]
concrete adi mu [a-di mu]
concussion adwene ho pira [a-jwi-ni ho pi-ra]
condom nna mu aduradeɛ [n-na mu a-du-ra-die]
conductor obi a odi anwomtofoɔ anim [o-bi-a o-di
    an-yom-to-four e-nim]
conference nhyiam [n-shia-mu]
conference room nhyiam dan [n-shia-mu dan]
confirm si so dua [si so dua]
constipated kyeree ne yam [chi-rii ni yem]
constitution mmra baatan [m-mra baa-tan]
consulate aban dwumadie [a-ban jwu-ma-die]
consult bisa [bi-sa]
contagious nsaeɛ [n-sa-ye]
contraception awoɔ ho banbɔ [a-wour ho ban-bo]
contraceptive adeɛ ɛbɔ awoɔ ho ban [a-die a e-bo a-wour ho
    ban]
contract kɔntraagye [kon-traa-ji]
convenience store dwa dan [jwa dan]
convenient ahotɔ [a-ho-to]
cook noa [no-a]
copy twerɛ [chwi-re]

cord ahoma [a-ho-ma]

corn aburo [e-bu-ro]

corner patom [pa-tom]

correct (*adj.*) pa pa [pa pa]

corrupt prɔeɛ [pro-ye]

cosmetics nsrade [n-sra-de]

cost boɔ [bour]

cotton asaawa [a-saa-wa]

cough (n.) wa [wa]

country ɔman [o-man]

country code ɔman ahomatrofoɔ nɔma [o-man a-ho-ma-tro-four no-ma]

court asɛnnibea [a-sen-ni-bia]

courtesy adebuo [a-di-buo]

cover kata [ka-ta]

cover charge nkatasoɔ boɔ [n-ka ta-sour bour]

cream sradɛe [sra-die]

credit adefiri [a-di-fi-ri]

credit card adefiri kad [adi-fi-ri kad]

crime awudie [e-wu-die]

crowd nnipakuo [n-ni-pa-kuo]

crutches abubuafour poma [a-bu-bua-four po-ma]

cry (v.) su [su]

culture amammrɛ [a-mam-mre]

cup kuruwa [ku-ru-wa]

cure sa [sa]

curfew ɔhyɛ nna [o-she n-na]

currency sika [si-ka]

currency exchange sika sesa [si-ka se-sa]

customer ɔtɔfoɔ [o-to-four]

customs hyeɛso togyefoɔ [shi-eso to-ji-four]

customs declaration amammrɛ paemuka [a-ma-mre pai-mu-ka]

cut twa [chwa]

D

dairy nantwi nufusuo [n-an-chwi nu-fu-suo]
damage sɛe [sei]
dance asa [asa]
danger asiane [e-sa-n]
dark tuum [tu-um]
date da [da]
date of birth awo da [a-wo da]
daughter ba baa [ba-baa]
dawn ahomakye [a-ho-ma-chi]
day da [da]
daytime awia [a-wia]
dead awu [a-wu]
deadline da a ɛtwa toɔ [da a e-chwa tour]
deaf asosieɛ [a-so-sie]
debt ka [ka]
decade mfe du [m-fie du]
December ɔpɛnimma [o-pe-nim-ma]
decide si gyinaeɛ [si ji-na-ye]
decision agyinasie [e-ji-na sie]
deck afidie so [a-fi-die-so]
declare hyɛ [she]
deep emu tenten [e-mu tintin]
delay kyɛ [che]
delicious dɛ [de]
deliver ma ne [ma ne]
delivery amanede [a-ma-ne-de]
demand (*n.*) abisa [a-bi-sa]
democracy ka bi ma menka bi [ka bi ma min-ka bi]
dentist ɔyaresafo a ɔhwɛ se [o-ya-re-sa-fo-a o-hwe se]
deny oyima [o-yi-ma]
deodorant deodorant [dio-do-rant]
department store adwuman fa bi adekoradan [a-jwu-man-fa bi a-de-ko-ra-dan]
departure afiriyɛ [a-fi-ri-ye]

deposit ntoasee [n-toa-sie]

depot adekora dan [adekora dan]

desert awea pradadaa [a-wea pra-da-daa]

desk ɛpono [e-po-no]

dessert mpanum [mpa-num]

destination baabi a mereko [baa-bi-a me-ko]

detergent samina [sa-mi-na]

detour detour [dito]

diabetic obi a ɔwɔ asikyire yareɛ [obi a o-wo e-si-chi-re
     ya-rie]

diagnosis nhwehwɛmu [n-shwi-shwe-mu]

dial frɛ [fre]

dialing code ɔfrɛ nɔma [o-fre no-ma]

diaper amo ase [amo asi]

diarrhea ayamtuo kunini [a-yem-tuo]

dictate ɔka twerɛ [oka chwi-re]

dictionary nsɛmfua asekyerɛ nhoma [n-sem-fua a-se-chi-re
     n-ho-ma]

die wu [wu]

diesel gas ɔyerɛ [gas-o-yi-re]

different sononko [so-non-ko]

difficult ɛyɛ den [e-ye den]

dine adidiei [a-di-die]

dining room adidie dan [a-di-die dan]

dinner anwumerɛ aduane [e-nyu-mi-re a-dua-ne]

diplomat ɔman foforɔ mu sumafo [o-man fo-fo-ro mu
     su-ma-fo]

direction akwankyerɛ [a- kwan-chi-re]

directions akwankyerɛ [a-kwan-chi-re]

directory akwankyerɛ bea [a-kwan-chi-re bia]

directory assistance akwankyerɛ boafoɔ [a-kwan-chi-re
     boa-four]

dirt e-fi [e-fi]

dirty efi [e-fi]

disability dɛmdie [dem-die]

disabled ɔyarefoɔ [o-ya-re-four]

disagree nnye nto mu [n-nyi n-to mu]

disaster atoyerɛnkyɛm [a-too-yi-renn-chem]
discount ntesoɔ [n-te-sour]
disease yareɛ [ya-rie]
dish kyɛnsee [chen-si]
disposable wotumi to twene [wo-tu-mi to chwi-ni]
dispute (*v.*) bɔ to gu [bo to gu]
district mansini [man-sini]
disturb ha adwene [ha a-jwin]
dive to wo ho to [to wo ho to]
dizzy anisobire [a-ni-so bre]
do yɛ [ye]
dock bea a kuro gyina [bia-a kuro ji-na]
doctor ɔyaresafoɔ [o-ya-re-sa-four]
document krataa [kra-taa]
dog ɔkraman [o-kra-man]
dollar amereka sika [a-mi-ri-ka si-ka]
domestic fie [fie]
door ɛpono [e-po no]
double mmienu [m-mie-nu]
dough mmɔre [mo-ri]
down fam [fem]
downtown kuro mu [kuro mu]
dozen du mmienu [du-mie-nu]
drain tokuro a nsuo fa mu [to-ku-ro-a n-suo fa mu]
drama oyikyerɛ [o-yi-chi-re]
drawer akoradeɛ [a-ko-ra-die]
dress (*n.*) atadeɛ [a-taa-die]; (*v.*) siesie ho [sie-sie ho]
drink (*n.*) anonneɛ [a-non-nie]; (*v.*) nom [nom]
drive ka [ka]
driver's license drɔba tumi krataa [dro-ba tu-mi krataa]
drown nsuo afa no [n-suo afa no]
drowsy bo [bo]
drug aduro [a-du-ro]
drugstore adutɔnbea [a-du-ton bia]
drunk bo [bo]
dry (*adj.*) awo [a-wo]; (*v.*) hata [ha-ta]

dry cleaner horo ade a nsu nka ho [ho-ro a-de-a n-su nka ho]

dryer mpopaho [m-po-pa-ho]

dust (*v.*) pepa [pe-pa]

duty-free wɔnnye sika [wo-ngye si-ka]

DVD apaawa [a-paa-wa]

dye yommo [yom-mo]

E

ear aso [a-so]

earache aso yaa [a-so yaa]

early ntɛm [n-tem]

earth asase [a-saa-se]

earthquake asasewosoɔ [a-sa-se wo-sour]

east apueɛ [a-pueie]

eat di [di]

economy asetenamu [a-se-te-na-mu]

education nwomasua [n-wo-ma-sua]

egg kosua [ko-sua]

eight nwotwe [n-wo-chwe]

eighteen du nwɔtwe [du n-wo-chwe]

eighty aduɔwɔtwe [a-duo-wo-chwe]

election abatoɔ [a-ba-tour]

electric anyinam [a-nyi-nam]

electricity anyinam ahoɔden [a-nyi-nam ahour-den]

elevator afidie a wɔde fro soro [a-fi-die-a wo-de fro so-ro], abansoro so atwedeɛ [a-ban-so-ro so a-chew-dee]

eleven dubaako [du-baa-ko]

e-mail intanɛt so nkratoɔ [in-ta-net so n-kra-tour]

embassy amanɔne aban asoɛeɛ [amanoni aban a-soe-ye]

emergency putupru [pu-tu-pru]

employee adwumayɛni [e-jwu-ma-ye-ni]

employer adwuma wura [e-jwu-ma wu-ra]

empty hwee [shwee]

end awieɛ [a-wie-e]

enemy ɔtanfo [o-tan-fo]
energy ahoɔdenneɛ [a-ho-den-nie]
engine afidie [a-fi-die]
engineer engineer [in-jin-ia]
English language Brɔfo kasa [Bro-fo ka-sa]
engraving mfonini a wode gu anwene ho [m-fo-ni-ni-a wo-de gu a-nwe-ne ho]
enough ɛyɛ [e-ye]
enter wura mu [wura mu]
entertainment anigyedeɛ [a-ni-je-die]
entire ne nyinaa [ni n-yi-naa]
entrance pon ano [pon a-no]
entry nwura mu [n-wu-ra mu]
entry visa akwantu nna krataa a wɔde wura mu [a-kwan-tu n-na kra-taa-a wo-de wu-ra mu]
envelope aduradeɛ [e-du-ra-die]
epileptic etwerɛ [e-chwi-re]
equal pɛpɛɛpɛ [pe-pee-pe]
equipment akadeɛ [a-ka-die]
escalator soro foro afidie [so-ro fro a-fi-die]
estimate (v.) sese [si-si]
ethnic nton [n-ton]
Europe Aburokyire [A-buro-chi-ri]
European Yurop Abrokyiri ni [yurop A-bro-kyi-ri-ni]
evacuate tu [tu]
even mpo [m-po]
evening anwumerɛ [e-nyu-mi-re]
event dwumadie [jwu-ma-die]
eventually ɛno ara mu [e-np ara mu]
ever daa [daa]
every biara [bia-ra]
exact pɛpɛɛpɛ [pe-pee-pe]
examine hwehwɛ mu [shwi-shwe mu]
example nhwɛsoɔ [n-shwe-sour]
except gye [ji]
excess mmorosoɔ [m-mo-ro-sour]
exchange sesa [si-sa]

exchange rate sika sesa gyinapɛn [si-ka si-sa ji-na-pen]
exclude nka ho [n-ka-ho]
exhaust brɛ [bre]
exhibit (*v.*) yikyerɛ [yi-chi-re]
exit firi adi [fi-ri e-di]
expense ka [ka]
expensive abooden [a-bour-din]
experience suahunu [sua-hu-nu]
expiration date da a ewu [da-a e-wu]
explain kyerɛ mu [chi-re mu]
export mane kɔ [ma-ni ko]
express kɔ ntɛm bra ntɛm [ko-n-tem bra n-tem]
express train keteke kɔ ntɛm bra ntɛm [ke-te-ke ko n-tem bra n-tem]
extra foforɔ a ɛka ho [fo-fo-ro a eka ho]
eye ani [eni]
eyeglasses ahwehwɛniwa [a-shwi-shwe-ni-wa]

F

fabric ɛtam [e-tam]
face anim [a-nim]
fall hwe fam [shwi fem]
false atorɔ [a-to-ro]
family abusua [e-bu-sua]
far wa [wa]
fare ka [ka]
farm afuo [e-fuo]
fast food kwankyɛn aduanetɔnbea [kwan-chen a-dua-ne-ton-bia]
fat kɛse [ke-si]
father papa [pa-pa]
faucet afidie a wode ma nsu ba [a-fi-die-a wo-di ma n-su ba]
fax (*n.*) asoma afidie [a-so-ma a-fi-die]
February ɔgyefue [o-gye-fui-e]
fee ka [ka]

feel atenka [a-tin-ka]

female ɔbaa [o-baa]

fence ɛban [e-ban]

ferry subonto [su-bon-to]

festival afahyɛ [a-fa-she]

fever ebunu [e-bu-nu]

field afuo mu [a-fuo mu]

fifteen du num [du num]

fifty aduonum [e-duo-num]

fig abrɔdoma [a-bro-do-ma]

fill hyɛ ma [she ma]

film sini [si-ni]

find hwehwɛ [shwi-shwe]

finger nsa tiaa [n-sa tiaa]

fire egya [e-ja]

fire alarm ogya ho kɔkɔbɔ dɔn [o-ja ho ko-ko-bo don]

firewood ogya [e-ja]

fireworks gya adwuma [ja e-jwu-ma]

first edi kan [e-di-kan]

first-aid kit nnuro adaka [n-nu-ro a-da-ka]

first-class papa paa [pa-pa paa]

fish nsuomunam [n-suo-mu-nam], apataa [a-pa-taa]

fisherman ɔpofoni [o-po-fo-ni]

fishing ɛnam yie [e-nam yie]

fishing license nam yie ho tumi krataa [nam yie ho tumi kra-taa]

fishing permitted wɔama nam yie ho kwan [wo-a-ma nam yie ho kwan]

fishing rod daawa dua [daa-wa dua]

fist kutruku [ku-tru-ku]

fit fata [fa-ta]

fitting nsiesie [n-sie-sie]

fitting room nsiesie dan [n-sie-sie dan]

five enum [e-num]

fix kora [ko-ra]

flag frankaa [fran-kaa]

flame gya dɛreɛ [ja de-ri-ye]

flare hyerɛn [shi-ren]

flash hyerɛn [shi-ren]

flash photography mfoni fo akadeɛ a ɛhyerɛn yerɛw baako [m-fo-ni- ho a-ka-die a e-shi-ren ye-rew baako]

flashlight abɛɛfo tɛni [a-bee-fo te-ni]

flat tɛtrɛtɛ [te-tre-te]

flat tire kɔba a adwo [ko-ba a a-jwo]

flavor hwa [shwa]

flea sonkosuo [son-kon-suo]

flea market foos dwa [foo-s jwa]

flight wiemuhyɛn akwantuo [wie-mu-shen a-kwan-tu]

flight number wiemuhyɛn nɔma [wie-mu-shen no-ma]

flood nsuyiri [n-su-yi-ri]

floor fam [fem]

flour esiam [e-sam]

flourish nyini prɔmprɔm [ny-in prom-prom]

flower nhyiren [n-shi-ren]

flu pɛpu [pe-pu]

fluent anoteɛ [a-no-tiie]

fluid nsuo [n-suo]

flush nsu popa [n-su po-pa]

fly tu [tu]

fog ɛbɔ [e-bo]

folk amammerɛ [a-mam-mi-re]

folk art amammere anweneɛ [a-mam-mire a-n-win-nie]

follow di akyi [di e-chi]

food aduane [a-dua-ni]

food poisoning aduane awuduro wo mu [a-dua-ni a e-wu-du-ro wo mu]

foot nan soa [nan soa]

football (soccer) bɔɔlbɔ [bool bo]

footpath anamɔn kwan [a-na-mon kwan]

forehead moma [mo-ma]

foreign amanɔne [a-ma-no-ni]

foreign currency amanɔne sika [a-ma-no-ni si-ka]

foreign languages amanɔne kasa [a-ma-no-ni ka-sa]

forest kwaeɛ [kwae]

forget awerɛfire [a-wi-re fire]
forgive fakyɛ [fa-che]
fork atere [a-tiri]
formal enidie [e-ni-die]
fortune tiri a ɛnyɛ [tiri pa]
fortune teller ɔdebisafoɔ [o-de-bi-sa-four]
forty aduanan [a-dua-nan]
fountain supɔw [su-pow]
four ɛnan [e-nan]
fourteen du nan [du nan]
fraud bukata [bu-ka-ta]
free ahofadi [a-ho-fa-di]
freeze nwini [n-wi-ni]
fresh momono [mo-mo-no]
Friday Fiada [Fia-da]
friend adamfo [a-dam-fo]
front anim [a-nim]
front desk anim akonwa [a-nim a-ko-nwa]
frozen nwini [n-wi-ni]
fruit aduaba [e-dua-ba]
fry kye [chi]
fuel fango [fan-gwo]
full ma [ma]
fun anigye [a-ni-jey]
funeral ayie [ayie]
furnished yɛansiesie [ya-sie-sie]
furniture nnua neɛma a yɛde siesie dan mu [nnua nniema
   ye-di sie-sie dan mu]
future daakye [daa-chi]

G

game agorɔ [a-go-ro]
garden (*n.*) mfikyifuo [m-fi-chi-fuo]
gas tank mframagya adekoradan [m-fra-ma-ja a-de-ko-ra-
   dan]

gasoline gas oyerɛ [gas o-yi-re]
gear abotire [a-bo-ti-re]
general deɛ obiara nim [die obiaa nim]
get nya [nya]
gift akyɛdeɛ [a-che-die]
girl ɔbaa [o-baa]
girlfriend adanfowaa [a-dan-fo-waa]
give fa ma [fa ma]
glass ahwehwɛ [a-shwi-shwe]
glasses (eye~) ahwehwɛniwa [a-shwi-shweni-wa]
glue amann [a-man-n]
go kɔ [ko]
goat apɔnkye [a-pon-che]
gold sika kɔkɔɔ [si-ka ko-koo]
good papa [pa-pa]
goods nneɛma [n-nie-ma]
government aban [a-ban]
gram emuduro nsusugyinapɛn [e-mu-du-ro n-su-su-ji-na-
   pen]
grammar kasa mmara [ka-sa mmra]
grandfather nana barima [na-na be-ri-ma]
grandmother nanabaa [na-na-baa]
grape bobe [bo-be]
grass nsensan [n-sin-san]
great kɛse [ke-si]
green ahaban mono [a-ha-ban mo-no]
greeting nkyia [n-chi-a]
grocery store nneɛma dwa dan [n-nie-ma jwa dan]
ground (*n.*) fam [fem]
group kuo [kuo]
guard (*n.*) banmmɔfoɔ [ban-m-mo-four]
guest ɔhɔhoɔ [o-ho-hour]
guide (*n.*) akwankyerɛ [a-kwan-chi-re]
guidebook akwankyerɛ nwoma [a-kwan-chi-re n-wo-ma]
guilty afɔdie [afodie]
gun etuo [etu-o]
gym apɔwmu tenetene dan [a-pow-mu-tini-tini dan]

H

hair ti nwi [ti-nwi]
half fa [fa]
hall asa [a-sa]
halt gyae [jai]
hand nsa [n-sa]
handicapped dɛmdi [dem-di]
happy anigye [a-ni-jey]
harbor nsuohyɛn gyinabea [n-su-shen ji-na-bia]
hard den [den]
harm pira [pi-ra]
hat ɛkyɛ [e-kye]
hazard asiane [e-sa-n]
he ɔno [o-no]
head ti [ti]
health apɔmuden [a-po-mu-din]
health insurance apɔmuden nsiakyiban [a-po-mu-den n-sia-chi-ban]
hear tie [tie]
heart akoma [a-ko-ma]
heart attack akoma yareɛ [a-ko-ma ya-rie]
heat ɔhyew [o-shew]
heavy duru [du-ru]
hello agoo [a-goo]
help boa [bo-a]
herb ahaban nnuro [a-ha-bannuro]
here ɛha [e-ha]
heterosexual bobeasu soronko nna [bo-be-asu so-ron-ko n-na]
hey (*interj.*) hɛɛ [hee]
highway kwatenpɔn [kwa-tin-pon]
hike mpasetuo [m-pa-se-tuo]
hill bepɔ [bi-po]
HIV babaso wiɛmfoɔ mmoawa [ba-ba-so wiem-four m-moa-wa]
hole tokuro [to-ku-ro]

holiday akwamma [a-kwam-ma]

holy kronkron [kron-kron]

home fie [fie]

homeless nni fie [n-ni fie]

homosexual bobeasu koro a wɔda [bo-bea-su ko-ro-a wo-da]

honest nokware [no-kwa-ri]

honey ɛwoɔ [e-woo]

honeymoon ayereforo akyi akwantu [a-ye-fo-ro a-kyi a-kwan-tu]

horse pɔnko [pon-ko]

hospital ayaresabea [a-ya-re-sa-bia]

hospitality ahɔhoyɛ [a-ho-ho-ye]

hostage nkoasom [n-koa-som]

hostel ahɔhodan [a-ho-ho-dan]

hostile ɔtan [o-tan]

hot adɔ [a-do], hye [she]

hotel ahɔhogyebea [a-ho-ho-ji-bia]

hour dɔnhwere [don-shwi-ri]

house efie [e-fie]

how sɛn [sen]

hug atuu yɛ [a-tuu-ye]

human nipa [ni-pa]

human rights nnipa faahodie [n-ni-pa faa-ho-di]

hundred ɔha [o-ha]

hungry ɛkɔm [e-kom]

hunt ya yo [ha yo]

hunter ɔbɔfoɔ [o-bo-four]

hurry ntɛm [n-tem]

hurt pira [pi-ra]

husband kunu [ku-nu]

I

I me [me]

ice nwini [n-wi-ni]

ID card ahyɛnsodeɛ kad [a-shen-so-dee kad]

idea adwene [a-dwi-ni]
identification ahyɛnsodeɛ [a-shen-so-die]
identify hyɛ nso [she n-so]
idiom kasakoa [ka-sa-koa]
if sɛ [se]
ignition tu kar [tu kar]
ignore to gu [to gu]
illegal tia mmara [tia m-mra]
illness yareɛ [ya-rie]
immigrant otukɔtenani [o-tu-ko-ti-na-ni]
immigration hyeɛso banbɔ [shi-eso ban-bo]
impolite ɛnyɛ obuo [en-ye obua]
import kra [kra]
income mfasoɔ [m-fa-sour]
incorrect ɛnyɛ papa [en-ye pa-pa]
individual ankoanko [an-ko-an-ko]
indoor dan mu [dan-mu]
inexpensive adefoode [a-di-foo-de]
infant abɔfra [a-bo-fra]
infect san [san]
infected asan no [a-san-no]
infection san yare [san ya-re]
influence nsunsuansoɔ [n-sun-suan-sour]
influenza yarewa [ya-re-wa]
information amamebɔ [ama-ni-bo]
information desk amanebɔ pono [ama-ni-bo po-no]
infrastructure dan [dan]
inject wɔ [wo]
injury pira [pi-ra]
ink akyerede ngo [a-kye-re-de n-go]
inn akwantufoɔ adidibea [a-kwan-tu-four a-di-di-bia]
innocent ho nni asɛm [ho n-ni a-sem]
inquiry nsɛmmisa [n-sem-mi-sa]
insect mmoawa [m-moa-wa]
insect bite mmoawa ka [m-moa-wa-ka]
insect repellant akum mmoawa [a-kum m-moa-wa]
inside mu [mu]

inspect hwehwɛ mu [shwi-shwe mu]

instant amono mu hɔ ara [a-mo-no mu ho aa]

institution sukuu [su-kuu]

insufficient ɛnso [en-so]

insulin ade a ɛhwɛ asikyire wɔ mogya mu [a-de-a eshwe
   a-si-chi-re wo mo-gya mu]

insult yɛ [ye]

insurance nsiakyiban [n-sia-chi ban]

international amanaman mu [a-ma-na-man mu]

Internet Intanɛt [In-ta-net]

interpret kyerɛ aseɛ [chi-re a-sie]

interpretation nkyerɛkyerɛmu [n-chi-re-chi-re-mu]

interpreter asekyerɛ ni [a-se-che-re-ni]

intersection nkwanta [n-kwan-ta]

intimate ɛbɛn paa [eben paa]

introduce oneself obi da ne ho adi [obi da ni ho a-di]

intruder ɔkrɔnfoɔ [o-kron-four]

invite to nsa frɛ [to n-sa fre]

iron to [to]

irritate huru [hu-ru]

island asaase a nsu atwa ho [a-saa-se-a n-su a-chwa ho]

issue asɛm [a-sem]

it ɛno [eno]

itch keka [ki-ka]

item addeɛ [adie]

itinerary beae a yɛbɛkɔ [be-ae-a ye-be-ko]

J

jacket ataade [a-taa-de]

jail afiase [a-fia-se]

jam taa so [taa-so]

January ɔpɛpɔn [o-pe-pon]

jar ahina [e-hi-na]

jeans jeans [jins]

Jew Yudani [Yu-da-ni]

jewelry agudeɛ [egudie]
job adwuma [a-jwu-ma]
join fa ka ho [fa ka ho]
journalist nsɛmtwerɛni [n-sem chwi-re-ni]
judge bu atɛn [bu a-ten]
jug pɔɔlɔ [poo-lo]
juice aduaba mu nsuo [e-dua-ba mu nsuo]
July Kutawonsa [Ku-ta-won-sa]
jump huri [hu-ri]
jumper cables jumper ahoma [jam-pa a-ho-ma]
junction nkwanta [n-kwan-ta]
June Ayɛwohomumu [Aye-wo-ho-mu-mu]
jungle kwaeɛ [kwae]
just kɛkɛ [ke-ke]
justice atɛntenenee [a-ten-ti-ni-nii]

K

keep (*v.*) fa sie [fa sie]
kettle dadesɛn [da-de-sen]
key safoa [sa-foa]
kick bɔ [bo]
kid abofra [a-bo-fra]
kidnap kyere sie [chi-ri sie]
kidney asabo [a-sa-bo]
kill kum [kum]
kilogram kilogram [ki-lo-gram]
kilometer kwansini [kwan-sini]
kind (*adj.*) su [su]
kiss (*v.*) anofew [a-no-few]
kit adaka [a-da-ka]
kitchen mukaase [mu-kaa-si]
knapsack akyi kotoku [e-chi ko-to-ku]
knee kotodwe [ko-to-jwe]
knife sekanma [si-kanma]
knit nwene [n-wi-ni]

knock bɔ mu [bo mu]
knot ɛpɔ [e-po]
know nim [nim]
kosher judafoɔ aduane [ju-da-four a-dua-ne]

L

lady obaasima [o-baa-si-ma]
lake nsutadeɛ [nsu-ta-die]
lamb oguamaa [o-guam-aa]
lamp kanea [ka-nia]
land asase [a-saa-se]
lane kwan [kwan]
language kasa [ka-sa]
laptop srɛso abɛɛfo afidie badwemma [sre-so a-bee-fo e-fi-die
    ba-jwem-ma]
large kɛse [kese]
last nea etwa to [nia e-twa to]
last year afe atwam no [a-fe a-chwam-no]
late ka akyi [ka a-chi]
later akyire [a-chi-re yi]
laugh sere [se-re]
laundromat bea a wosi ntadeɛ gye sika [bia a wo-si
    n-taa-die ji si-ka]
laundry bea a wosi ntadeɛ [bia-a wo-si n-taa-die]
lavatory agyananbea [e-ja-nan-bia]
law mmara [m-mara]
lawyer mmranimfoɔ [m-mra-ni-mfour]
layover wobegyina bere a wotu kwan [wo-be-ji-na be-re-a
    wo-tu kwan]
leader kandifoɔ [kan-di-four]
league apam [a-pam]
learn sua adeɛ [sua a-dee]
leather nwoma [n-nwo-ma]
leave gya [ja]
left benkum [ben-kum]

leg nan [nan]
legal mmara kwan so [m-ma-ra kwan so]
legislature mmarahyɛ [m-mra-she]
lemon ankaa [an-kaa]
lens ahwehwɛ aniwa [a-shwi-shwe a-ni-wa]
less ketewa [ke-te-wa]
letter krataa [kra-taa]
lettuce lettuce [le-tius]
level gyinapɛn [ji-na-pen]
library akenkanbea [a-kin-kan-bia]
lice edwie [e-jwie]
license tumi krataa [tumi kra-taa]
lid nkatasoɔ [n-ka-ta-sour]
lie atorɔ [a-to-ro]
life nkwa [n-kwa]
lift ma so [ma so]
light kanea [ka-nia]
lighting resɔ kanea [re-so ka-nia]
like (v.) pɛ [pe]
lime ankaatwadeɛ [an-kaa-chwa-die]
limit (v.) twa so [chwa so]
lip anofafa [a-no-fa-fa]
liquid nsuo [n-suo]
liquor nsa [n-sa]
list bobɔ [bo-bo]
listen tie [tie]
liter nsu susuwkuruwa [n-su su-suw-ku-ru-wa]
litter fi [fi]
little ketewa [ke-te-wa]
live (v.) tena [te-na]
liver mmerɛbo [m-me-re-bo]
lizard kotrɛ [ko-tre]
load (v.) adesoa [adi-soa]
loaf panoo [pa-noo]
loan (n.) bosea [bo-sea]
lobby ɔpon [o-pon]
local mpɔtɛm [m-po-tem]

location bea [bia]
lock to mu [to mu]
lock out to mu [to mu]
locker adaka a wɔtom [a-da-ka-a wo-tom]
long tenten [tin-tin]
look hwɛ [shwe]
loose go mu [go mu]
lose firi nsa [firi nsa]
lost yera [yi-ra]
loud kɛse [ke-se]
lounge ahomegyebea [a-ho-miji-bea]
love ɔdɔ [o-do]
low fam [fem]
lucky ti nkwa [ti n-kwa]
luggage akwantu nneɛma [a-kwan-tu n-nee-ma]
lunch awia aduane [a-wia a-dua-ne]

M

machine afidie [a-fi-die]
mad dam [dam]
maid abaawa [a-baa-wa]
mail (*n.*) nkrato [n-kra-to]; (*v.*) to nkra [to n-kra]
main (*adj.*) titire [ti-ti-ri]
make (*v.*) yɛ [ye]
man ɔbarima [o-ba-ri-ma]
mandatory ɔhyɛ [o-she]
manual (*n.*) nhwɛso nhoma [n-hwe-so n-ho-ma]
many dodoɔ [do-dour]
map akyerɛkyerɛ kwan [a-kye-re-kye-re kwan]
marketplace dwa so [dwa so]
marriage awareɛ [a-wa-rie]
married aware [a-wa-re]
marry ware [ware]
massage miamia [mia-mia]
math nkonta [n-kon-ta]

mattress mpa [m-pa]
maximum kɛse paa [ke-se paa]
mayor odukro [o-du-kro]
meal aduane [a-dua-ni]
measure susu [su-su]
meat mmogyanam [m-mo-ja -nam]
mechanic fitani [fi-ta-ni]
medication aduyɛ [e-du-ye]
medicine aduro [a-du-ro]
medium (*adj.*) kwan [kwan]
meet (*v.*) hyia [shia]
meeting nhyiam [n-shia-mu]
melon ɛfere [e-fe-re]
melt nane [nani]
member kuo ba [kuo ho]
menstruation bra [bra]
mental adwene [a-jwi-ni]
menu aduane krataa [a-dua-ne kra-taa]
merchant odwadini [o-jwa-di-ni]
message nkra [n-kra]
messenger ɔsomafoɔ [o-so-ma-four]
metal dadeɛ [da-di-e]
meter mita [mi-ta]
metro station mɛtro gyinabea [me-tro ji-na-bia]
microwave afidie a yede ka aduane hye [afidie a yedi ka aduane she]
midday prɛmtobre [prem-to-bre]
middle mfinfini [m-fin-fi-ni]
midnight anadwo dasuomusum [ana-jwo da-suo-mu]
might tumi [tu-mi]
migraine ti pae [ti pai]
mild mmerɛ [m-me-re]
mile kwansini fa [kwan-sini fa]
military asraadwuma [a-sraa-jwu-ma]
milk nufusuo [nu-fu-suo]
million ɔpepem [o-pe-pem]
mine mede [me-de]

minimum nea esua koraa [nia e-sua ko-raa]

minor (*adj.*) abofra [a-bo-fra]

mint sika dodoɔ [si-ka do-dour]

minute sima [si-ma]

mirror ahwehwɛ [a-shwi-shwe]

misunderstanding ntease nnim [n-ti-a-sie n-nim]

mix fra [fra]

mobile phone megyina abonten na merekasa yi [me-ji-na a-bon-ten-na me-re ka-sa yi]

moment mmere [m-mi-ri]

Monday Dwoada [jwo-ada]

money sika [si-ka]

monkey adoe [a-doe]

month bosome [bo-so-mi]

monument honi [ho-ni]

moon bosome [bo-so-mi]

more (*adv.*) dodoɔ [do-dour]

morning anɔpa [a-no-pa]

mosque nkramodan [n-kra-mo dan]

mosquito ntontom [n-ton-tom]

mosquito net ntontom dan [n-ton-tom dan]

most (*adv.*) dodoɔ [do-dour]

motel ahyɛnkafoɔ ahomegyebea [a-she-nka-four a-ho-me-je-bia]

mother maame [maa-me]

mother-in-law asew baa [a-sew baa]

motion sickness nanteɛ yareɛ [nan-tie ya-rie]

motor afidie [a-fi-die]

motorcycle afidipɔnkɔ [e-fi-di pon-ko]

mount fro [fro]

mountain bepɔ [bi-po]

mouse akura [e-ku-ra]

moustache abɔdwesɛ [a-b-jwi-se]

mouth ano [a-no]

move (*v.*) kɔ [ko]

movie sini [si-ni]

movie theater sinihwɛbea [si-ni shwe-bea]

Mr. (*title*) Owuru [O-wu-ra]
Mrs. (*title*) Owurayere [O-wu-ra-ye-re]
Ms. (*title*) Awura [A-wu-ra]
much (*adv.*) dodoɔ [do-dour]
mud atɛkyɛ [a-te-che]
mural ban ho mfoni [ban ho m-fo-ni]
murder nipakum [nipakum]
muscle ntini [n-ti-ni]
museum tete nnɔɔma akoraeɛ [ti-ti n-noo-ma a-ko-ra-ye]
mushroom mmire [m-mi-re]
music nnwom [n-nwom]
musical instrument nwomto afidie [n-wom-to a-fi-die]
musician nwomtofoɔ [n-wo-mto-four]
Muslim Kramoni [Kre-mo-ni]
mystery ahuntasɛm [e-hun-ta-sem]

N

naked (*adj.*) kwaterekwaa [kwa-te-re-kwaa]
name edin [e-din]
napkin ntama yɛde pepa nso hogow [n-ta-ma a ye-di pe-pa n-sa ho]
narrow teaa [tiaa]
nation ɔman [o-man]
native kuromani [ku-ro-ma-ni]
nature bɔbea [bo-bia]
nausea abofono [a-bo-fo-no]
navigation nsuo so akwantuo [n-suo so a-kwan-tuo]
navy nsuo so asrafoɔ [n-suo so a-sra-four]
near bɛn [ben]
nearby bɛn [ben]
neck kɔn [kon]
necklace kɔnmu adeɛ [kon-mu a-die]
need (*v.*) hia [hia]
needle paneɛ [pa-ni-ye]
neighbor ofimpamfo [o-fim-pam-fo]

neighborhood mpɔtam [m-po-tem]

nephew wɔfaase baa [wo-faa-se baa]

nerve atenka [a-ten-ka]

neutral (adj.) nni ɔfa biara [n-ni o-fa bia-ra]

never da [da]

new foforɔ [fo-fo-ro]

New Year Afe foforo [A-fi fo-fo-ro]

New Year's Day Afe foforɔ da [A-fi fo-fo-ro da]

New Year's Eve da a ade kye a na yasi afe foforɔ mu
    [da a a-de kye-a na ya-si a-fe fo-foro mu]

news kaseɛbɔ [ka-see-bo]

newspaper dawurubɔ krataa [de-wu-ru-bo kra-taa]

next nea edi hɔ [nia edi ho]

next to ɛdi ɛno akyi [edi-eno a-chi]

next year afe seɛsei [a-fe se-sei]

nice ɛyɛ fɛ [e-ye fe]

niece wɔfase barima [wo-fa-se bee-ma]

night anadwo [a-na-jwo]

nightlife anadwo apontoɔ [a-na-jwo a-pon-tour]

nine nkron [n-kron]

nineteen du nkron [du n-kron]

ninety aduɔkron [a-duo-kron]

no daabi [dee-bi]

noise dede [de-de]

non-smoking kyiri nwusie [chi-ri n-wu-sie]

noodles makroni [ma-kro-ni]

noon awia [a-wia]

normal deɛ yɛnim dada no [die ye-nim dada no]

north atifi [a-ti-fi]

northeast atifi apueɛ [a-ti-fi a-pue]

northwest atifi atɔeɛ [a-ti-fi a-toie]

nose hwene [shwi-ni]

note hyɛ no nso [she no nso]

nothing ɛnyɛ biribiara [en-ye bii-biaa]

November Obubuo [O-bu-buo]

now seisei ara [se-si ara]

nowhere (adv.) ɛnyɛ babiara [e-nye ba-bia-ra]

nuclear topaeɛ [to-pa-ye]
nudist beach mpo ano a ebi ayi wɛn ho [m-po a-no-a e-vi ayi wen ho]
number nɔma [no-ma]
nun ɔkokorani [o-ko-ko-ra-ni]
nurse nɛɛseni [nee-si-ni]
nuts adwe [a-jwe]

O

occupant obi a ɔte biribi mu [o-bi-a ote biribi mu]
occupation adwuma [a-jwu-ma]
ocean ɛpo [epo]
o'clock dɔn [don]
October Ahinime [A-hi-ni-mi]
octopus posena [po-si-na]
odor nka [nka]
off (*adv./adj.*) dum [dum]
offend (*v.*) fom [fom]
office ofise [o-fi-se]
officer obi a ɔyɛ nnidi adwuma [o-bi-a o-ye n-ni-di a-dwu-ma]
official nnidi adwuma [n-ni-di a-jwu-ma]
often bere biara [be-re biaa]
oil angua [an-gua]
OK yoo [yoo]
old dada [da-da]
olive ngo [ngo]
on so [so]
once prɛko pɛ [pre-ko pe]
one baako [baa-ko]
one-way ɛkwan koro [e-kwan ko-ro]
onion gyeene [jee-ne]
only pɛ [pe]
open bue [bue]
opera opera [opra]

operator afidie ka fo [a-fi-die ka fo]
opposite abirabɔ [a-bi-ra-bo]
option ɛnyɛ ɔhyɛ [en-ye o-she]
or anaa [a-naa]
oral anom [a-nom]
orange (*fruit*) ankaa [an-kaa]; (*color*) akutu [a-ku-tu]
orchard nnuaba turo [n-nua-ba tu-ro]
orchestra gofomma [go-fom-ma]
order she [she]
ordinary hunu [hu-nu]
organ sankuo [san-kuo]
organic abodeɛ kwanso [a-bo-dee kwan-so]
original mfiase [m-fia-se]
other foforɔ [fo-fo-ro]
ought ɛsɛ sɛ [e-se-see]
our yen [yen]
out (*adv.*) abɔnten [a-bon-tin]
outdoor (*adj.*) yi kyerɛ [yi chi-re]
outside abɔnten [a-bon-tin]
oven foonoo [foo-noo]
over (*prep.*) so [so]
overdose adunom mmrosoɔ [adu-nom m-mro-sour]
overnight (*adv.*) anadwo mu [a-na-jwo mu]
own (*v.*) wɔ [wo]
owner (*n.*) wura [wu-ra]
oxygen mframa [m-fra-ma]

P

pack boa [boa]
package mboaa [m-bo-aa]
page kratafa [kra-ta-fa]
paid atua [atua]
pain yaw [yaw]
painful yɛ yaw [ye yaw]
painkiller kum yaw [kum yaw]

pair mmienu [m-mie-nu]
pajamas atadeɛ a wɔhyɛ da [a-taa-de-a wo-she da]
pan pan [pan]
pants trɔsa [tro-sa]
paper krataa [kra-taa]
parcel akyɛdeɛ [a-che-die]
pardon (*n.*) kyewpa [chew-pa]
parent awofoɔ [a-wo-four]
park agodibea [a-go-di-bea]
parking afidie gyinabea [a-fi-die ji-na-bia]
parliament mmarahyɛbadwa [m-ma-ra-she-ba-jwa]
partner ɔhokafoɔ [o-ho-ka-four]
party pontoɔ [pon-tour]
passenger ɔkwantuni [o-kwan-tu-ni]
passport akwantufoɔ tumi krataa [a-kwan-tu-foo tu-mi
    kra-taa]
password kokoam nɔma [ko-ko-am no-ma]
pasta panoo [pa-noo]
pastry panoo [pa-noo]
path ɛkwan [e-kwan]
patience (*n.*) abotare [a-bo-ta-re]
patient (*n.*) ɔyarefoɔ [o-ya-re-four]
pavement abonsɛwee [a-bon-se-wee]
pay tua [tua]
payment akatua [a-ka-tua]
pea adua [e-dua]
peace asomdwoeɛ [a-som-jwoe]
peach (*color*) akutu [a-ku-tu]; (*fruit*) peach [pilch]
peak ano [a-no]
peanuts nkateɛ [n-ka-tee]
pedal afidie nam ntiaso [a-fi-die nam n-tia-so]
pedestrian kwan nkyen nnipa [kwan n-kyen nni-pa]
pen twerɛdua [chw-re-dua]
penalty nsi ho [n-si ho]
pencil twerɛ dua [chwi-re dua]
people nnipa [nni-pa]
pepper mako [ma-ko]

percent ɔha nkyekyemu [o-ha n-che-che-mu]
perfect pɛyɛ [pe-ye]
period bere [be-re]
permanent (*adj.*) afebɔɔ [a-fe-boo]
permission akwansrɛ [a-kwan-sre]
permit (*v.*) ma kwan [ma kwan]; (*n.*) akwanma [a-kwa-ma]
person onipa [oni-pa]
personal kokoam adeɛ [ko-ko-am a-die]
pest afudeɛ sɛe mmoawa [a-fudie see m-moa-wa]
pet mmoa adanfo [m-moa a-dan-fo]
petrol fango [fan-go]
pharmacy adurufra bea [a-du-fra bia]
phone ahomatrofoɔ [a-ho-ma-tro-four]
phone booth ahomatrofoɔ dan [a-ho-ma-tro-four dan]
phone card ahomatrofoɔ kad [a-ho-ma-tro-four kad]
phone number ahamatrofo nɔma [a-ha-ma-tro-fo no-ma]
photograph mfoni [m-fo-ni]
phrase kasasin [ka-sa-sin]
physician oduruyɛfoɔ [o-du-ru-ye-four]
piano sankuo [san-kuo]
pick fa [fa]
picnic pikinki [pi-kin-ki]
picture mfoni [m-fo-ni]
pie panoo [pa-noo]
piece fa [fa]
pig prako [pre-ko]
pigeon aborɔnoma [a-bo-ro-no-ma]
pill topae [to-pae]
pillow sumueɛ [su-muie]
pint nsuo susu [n-suo su-su]
pipe drobɛn [dro-ben]
place bea [bia]
plain kann [kan-n]
plan nhyehyɛeɛ [n-shi-she-ye]
plane wiemuhyɛn [wie-mu-shen]
plant dua [dua]
plastic rɔba [ro-ba]

plate prɛte [pre-ti]
platform asɛnka dwaso [a-sen-ka jwa-so]
play (*n.*) agorɔ [a-go-ro]; (*v.*) bɔ [bo]
pleasant ahomka [a-ho-mka]
please mepa wo kyɛw [me-pa wo chew]
plug plug [plog]
pocket kotoku [ko-to-ku]
poem anwensɛm [a-nwi-n-sem]
point fa kyerɛ [fa chi-re]
poison awu duro [a-wu du-ro]
police polisi [po-li-si]
police station apolisifoɔ atenae [a-po-li-si-four a-ti-na-ye],
    poosifoɔ asoɛɛ [poo-si-four a-so-ye-ye]
polite obuo [o-buo]
politics amanyɔsɛm [a-man-yo-sem]
pollution atenaeɛsɛe [a-ti-na-ye-see]
pool adware nsuo a ɛtae fie [a-jwa-re nsuo-a e-tae fie]
population nnipa dodoɔ [n-nipa do-dour]
pork prɛkonam [pre-ko-nam]
portable (*adj.*) wotumi ma so [wo-tu-mi ma so]
possibly ebia ebɛyɛ yie [e-bia e-be-ye yie]
post office poosu ɔfese [poosu ofisi]
postage nkratoɔ [n-kra-tour]
postal code nkratoɔ nɔma [n-kra-tour no-ma]
postbox ntratoɔ adaka [n-tra-tour a-da-ka]
postcard nkratoɔ krataa [n-kra-tour kra-taa]
postpone tu hyɛ da [tu she da]
pot kukuo [ku-kuo]
potato santom [san-tom]
pottery anwene [a-nwi-ni]
poultry nkokɔ yɛn [n-ko-ko yen]
pound (*n.*) wɔ [wo]
pour hwie [shwie]
poverty (*n.*) ohia [o-hia]
power tumi [tu-mi]
pray bɔ mpaeɛ [bo mpa-ye]
prefer pɛ [pe]

pregnant nyinsɛn [n-yin-sen]
prescription ahyedeɛ [a-hye-die]
president ɔmanpanin [o-man-pa-nin]
price ɛbour [e-bour]
priest ɔsɔfo [o-so-fo]
printer nkrataa tintim afidie [n-kra-taa tintim a-fi-die]
prison dadua ban mu [da-dua ban mu]
prisoner odaduani [o-da-dua-ni]
privacy kokoam [ko-ko-am]
private ankorakoro [a-nko-ra-ko-ro]
private property ankorakoro agyapade [a-nko-ra-ko-ro
    a-ja-pa-die]
private room ankorakoro dan mu [a-nko-ra-ko-ro dan mu]
prize abaso bɔ deɛ [a-ba-so bo die]
probably ebia [e-bia]
problem ɔhaw [o-haw]
product ade [a-de]
professional ben wɔ biribi mu [ben wo bi-ri-bi mu]
professor ɔbenfo [o-ben-fo mu ku-ni-ni]
profile (*n.*) ɔho nsɛm [e-ho n-sem]
profit mfasoɔ [m-fa-sour]
program dwumadie [jwu-ma-die]
prohibit bra [bra]
project tirim pɔw [ti-rim pow]
promise (*v.*) hyɛ bɔ [she bo]
promotion ntoso [n-to-so]
pronounce bɔ amaneɛ [bo a-ma-nie]
proper papa [papa]
property agyapadeɛ [a-ja-pa-die]
prosecute bɔ kwaadu [bo kwee-du]
protect bɔ ban [bo ban]
protest kasa tia [kasa tia]
Protestant obi a onwiinwii [obi a okasa tia]
province mantam [man-tam]
psychologist nimdifo a osua suban [nim-di-fo-a o-sua su-ban]
public amansan [a-man-san]

public telephone amansan homatrofoɔ [a-man-san ho-ma-tro-four]

public toilet amansan tiafi [a-man-san tie-fi]

public transportation trɔtrɔ [tro-tro]

pudding anone [a-no-ne]

pull twe [chwi]

pulse ntini [nti-ni]

pump pɔmpe [pom-pi]

punch bɔ kutruku [bo ku-tru-ku]

puncture tue [tue]

punish twe aso [chwi a-so]

purchase tɔ [to]

pure krɔgyee [kro-jii]

purple beredum [be-re-dum]

purpose atiri mu pɔ [a-ti-ri-mu po]

purse sika kotoku [si-ka ko-to-ku]

push pia [pia]

puzzle nyansapɔ [nyansa po]

pyramid dɛnkyɛmbo bɔbea [den-chem-bo bo-bia]

Q

qualify nkunimdie [n-ku-nim-die]

quality papa [pa-pa]

quantity dodoɔ [do-dour]

quarantine sie [sie]

quarter fa nkyem [fa n-chey-m]

question asɛmmisa [a-sem-mi-sa]

queue santene [san-tini]

quick ntɛm [n-tem]

quiet koom [ko-om]

R

radio akasafidie [a-ka-sa-fi-die]
rail dade a wɔde yɛ keteke kwan [da-de-a wo-de ye
 ke-te-ke kwan]
railroad keteke kwan [ke-te-ke kwan]
rain nsuo a ɛtɔ [n-suo a eto]
ramp pɔ [po]
rape to mmonaa [to mmo-naa]
rapid ntɛmtɛm [n-tem-tem]
rare ɛnyɛ bere nyinaa [e-nye be-re n-yin-aa]
rat okusie [o-ku-sie]
rate anoboɔ [a-no-bour]
ratio nkyekyem [n-kye-kyem]
ration mmoano [m-mo a-no]
raw momono [mo-mo-no]
razor yiwan [yi-wan]
read kan [kan]
ready krado [kra-do]
rear (adj.) nyɛn [nye-n]
reason adwene [a-jwi-ni]
reasonable nyansasɛm [nya-nsa-sem]
rebel atua [a-tua]
rebellion atuateɛ [a-tua-tie]
receipt adansedie krataa [a-dan-se-die kra-taa]
receive nsa ka [n-sa ka]
recognize kae [kai]
recommend kamfo [ka-mfo]
record nteteɛ krataa [n-te-te-ye kra-taa]
rectangle ahinanan a afa nnan no mu mmienu biara yɛ
 sononko [a-hin-an-an-a a-fa n-nan no mu m-mienu bia-ra
 ye so-no-nko]
recycle san dan [san dan]
red kɔkɔɔ [ko-ko-o]
referee (n.) ntamgyinafoɔ [n-tam-ji-na-four]
reference nkurɛfo nhwehwɛmu [n-ku-ro-four n-shwi-hwe mu]

refrigerator sukuchia adaka [su-ko-chia adaka]
refuge guankɔbea [gua-nko-bea]
refugee atukɔtenafoɔ [a-tu-ko-te-na-four]
refund san tua [san tua]
regime apɛn so [apen so]
region ɔmantam [o-man-tam]
registration din twerɛ [din chwi-re]
regular bere nyinaa [be-re n-yin-aa]
relationship nkutahodie [n-ku-ta-ho-die]
relative abusuani [e-bu-sua-ni]
reliable ahotosoɔ [a-ho-to-sour]
religion ɔsom [o-som]
remedy (*n.*) ano aduro [a-no e-du-ro]
remember nkaeɛ [n-kaie]
remind kae [kai]
remove yi [yi]
rent hae [hai]
repair siesie [sie-sie]
repair shop nsiesie bea [n-sie-sie bia]
repay san tua [san tua]
repeat ti mu [ti mu]
replace si ananmu [si a-na-n-mu]
reply mmuaeɛ [m-mua-ye]
report amaneɛbɔ [a-ma-nie-bo]
reporter amanebɔfoɔ [a-ma-ni-bo-four]
republic adehyeman [a-de-she-man]
request bisa [bi-sa]
require hwehwɛ [shwi-shwe]
rescue ɔgyeɛ [o-jie]
reservation nnyensie [n-nyin-sie]
reserve fa sie [fa sie]
reservoir koradeɛ [ko-ra-die]
respect (*n.*) obuo [o-buo]
rest home [ho-mi]
restaurant adidibea [a-di-di-bia]
restricted (*adj.*) kwan nni ho [kwan n-ni ho]

resume bue [bue]
retrieve twe [chwi]
return (v.) san dan ho [san dan ho]
reverse kɔ akyi [ko a-kyi]
revive nyane [n-ya-ni]
revolution nsakraeɛ [n-sa-kra-ye]
rib mfe mpadiɛ [mfi m-pa-die]
ribbon ahoma [a-ho-ma]
rice ɛmo [e-mo]
ride ka [ka]
right ɛfata [e-fa-ta]
ring kawa [ka-wa]
riot basabasayɛ [ba-sa-ba-sa-ye]
rip ɔhyɛ a wode gye biribi [o-she-a wo-de ji bii-bi]
risk asiane [ea-sa-ne]
river asubɔnten [e-su-bon-ten]
road kwan [kwan]
road map akyerɛkyerɛ kwan [a-kye-re-kye-re kwan]
roasted atoto [a-to-to]
rob wia [wia]
rock (n.) ɛboɔ [e-bour]
romance di dɔ [di do]
romantic ɔdɔdi [o-do-di]
roof nkrusoɔ [n-kru-sour]
room dankora [dan-ko-ra]
room rate dankora ka [dan-ko-ra ka]
room service dan mu ɔsom [dan mu o-som]
rope ahoma [a-ho-ma]
rot (v.) prɔ [pro]
rotten aprɔ [a-pro]
rough basabasa [ba-sa-ba-sa]
round-trip kɔ ne ba [ko ne ba]
round-trip ticket kɔ ne ba tekiti [ko ne ba te-ki-ti]
route kwan [kwan]
royalty adehye [a-de-shi]
rubber rɔba [ro-ba]

rude ahantan [a-han-tan]
rug kuntu [kun-tu]
rugby bɔɔl a abam bɔ [bool a a-bam bo]
ruins ɔsɛɛ [o-see]
rule di so [di so]
run mmirika [m-mi-ri-ka]

S

sacred kronkron [kron-kron]
sad awerɔhoɔ [a-wi-ro-hour]
saddle aboa achi ajwa [a-boa a-chi a-jwa]
safe bɔ ban [bo ban]
safety ahobanmmɔ [a-ho-ban-m-mo]
sail po so akwantu [po so a-kwan-tu]
salad salade [saladi]
salary bosomi akatua [bo-so-mi a-ka-tua]
sale tɔn [ton]
sales receipt adetɔn krataa [a-de-ton kra-taa]
sales tax adetɔn toɔ [a-de-ton tour]
salon ti yɛ bea [ti ye bia]
salt nkyene [n-chi-ne]
same pɛpɛɛpɛ [pe-pee-pe]
sample nhwɛsoɔ [n-shwe-sour]
sanction asotwe [a-so-chwi]
sanctuary kronkronbea [kron-kron-bia]
sand anwea [an-wia]
sandals mpaboa [m-pa-boa]
sandwich paanoo a abom hyɛm [paa-noo-a a-bom she-mu]
sanitary napkin amoase [a-mo-asi]
satellite afide a ɛwɔ wim a atwa asase so mfoni [a-fi-de-a ewo wim a a-twa a-sa-se so m-fo-ni]
Saturday Memeneda [Mi-mi-ni-da]
sauce abom [a-bom]
sausage bɔsoa [bosoa]
save gye [ji]

saw huueɛ [huu-ye]

say ka [ka]

scanner afidie a yɛde twa mfoni gu abɛɛfo afidie badwemma so [a-fi-die-a ye-de chwa m-fo-ni gu a-bee-fo e-fi-fie ba-jwin-ma so]

scar twa [chwa]

scarf duukuu [duu-kuu]

scary (*adj.*) hu [hu]

scene mfoni hwɛ [m-fo-ni shwe]

scenery (*n.*) mfoni hwɛbea [m-fo-ni shwe-bia]

schedule nhyehyɛe [n-shi-she-ye]

school sukuu [su-kuu]

science abɔdeɛ mu nyansa pɛ [a-bodie mu n-yan-sa pe]

scissors apasɔɔ [a-pa-soou]

score hyɛ [she]

screen ahwehwɛ [a-shwi-shwe]

screw kyim [chim]

screwdriver skruu draiba [skruu-dra-iba]

sculpture anwene [an-wi-ni]

sea ɛpo [e-po]

seafood po mu nam [po mu nam]

search (*n.*) hwehwɛ [shwi-shwe]

seasick obi a osuro po so akwantu [o-bi-a o-su-ro po so a-kwan-tu]

season mmere [m-mi-ri]

seasonal mmere [m-mi-ri]

seat adwa [e-jwa]

seat belt adwa mu abɔsɔɔ [e-jwa mu abo-sour]

seat number adwa nɔma [a-jwa no-ma]

second ɛtʋ so mmienu [e-to so mmienu]

secondhand store fooso dwadan [foo-so jwa-dan]

secret kokoam [ko-ko-am]

secretary ɔtwerɛfoɔ [o-chwi-re-four]

section ɔfa [o-fa]

secular (*adj.*) nnye ahonhom nni [n-nye a-hon-hom n-ni]

security banbɔ [ban-bo]

sedative bow [bow]

see hwɛ [shwe]

seed aba [a-ba]

seek hwehwɛ [shwi-shwe]

seem ɛyɛ sɛɛ [eye see]

select (*v.*) paw [paw]

selection nyiyimu [m-yi-yi mu]

self-service som wo ho [som wo ho]

sell tɔn [ton]

seminar adesua nhyiam [a-de-sua n-shi-am]

senate aban [a-ban]

senator ɔdadini [o-da-di-ni]

send soma [so-ma]

senior ɔpanin [o-pe-nin]

sensitive atenka [a-ten-ka]

sentence ɔkasamu [o-ka-sa-mu]

separate (*adj.*) soronko [so-ron-ko]; (*v.*) kyɛ mu [che mu]

September Ɛbɔ [E-bo]

serious aniberɛ [a-ni-bre]

servant ɔsomfoɔ [o-som-four]

serve soom [som]

server biribi a ɛsom [bi-ri-bi-a e-som]

service ɔsom adwuma [o-som a-jwu-ma]

settlement atenaeɛ [a-ti-na-ye]

seven nson [n-son]

seventeen du nson [du n-son]

seventy aduɔson [e-duo-son]

sew pam [pam]

sex ɔba anaa barima bɔsu [obaa a-naa bee-ma bosu]

shampoo samina nsuo [sa-mi-na n-suo]

share kyɛ [che]

shark bonsu [bon-su]

sharp nam [nam]

shave nwi yi [nwi yi]

shaving cream nɔ nwi yi sradeɛ [n-nwi yi sra-di-ye]

she ɔno [o-no]

sheep odwan [o-juan]

sheet nkrataa [n-kra-taa]

shellfish tantra nam [tan-tra nam]
shelter (*n.*) ahintabea [a-hin-ta-bia]
ship nsuohyɛn [n-su-shen]
shirt atadeɛ soro [a-taa-di so-ro]
shoe mpaboa [m-pa-boa]
shoot to [to]
shop dwa [jwa]
shopkeeper dwaso dan ano hwɛfoɔ [jwa-so dan ano shwe-four]
shoplifting krɔnobɔ wɔ dwaso [kro-no-bo wo jwa-so]
shopping basket dwadi kɛntɛn [jwa-di ken-ten]
shopping center dwadibea [jwa-di-bia]
shore (*n.*) mpoano [m-poa-no]
short tia [tia]
shot tooeɛ [too-ye]
shoulder abati [a-ba-ti]
shout tea mu [tia mu]
show kyerɛ [chi-re]
shower mpete [m-pi-ti]
shut to mu [to mu]
sick yare [ya-re]
side nkyɛn [n-chen]
sight adehu [adi-hu]
sightseeing ani adehu [eni a-de-hu]
sign hyɛ ase [she ase]
signal nkaebɔ [n-kai-bo]
signature asehyɛ [a-se-shye]
silver dwetɛ [jwi-tee]
sing to nwom [to n-wom]
single (*n.*) osugyani [osu-ja-ni]; (*adj.*) baako [baa-ko]
sink mem [mem]
sir owura [o-wu-ra]
siren aben a ɛbɔ nkaeɛ [a-ben-a ebo n-ka-ye]
sister nnua baa [nnua-baa]
sit tena ase [ti-na-a-si]
six nsia [n-sia]
sixteen du nsia [du n-sia]
sixty aduosia [a-duo-sia]

size keseyɛ [ke-se-ye]

skate afidie a wɔgyina so nantew [a-fi-die-a wo-ji-na so nan-tew]

ski afidie a wɔde nante asukɔtweaa so [a-fi-die-a wo-de nan-te a-su-ko-cheia so]

skin honam [ho-nam]

skirt skɛɛte [skee-ti]

skull ti kwankora [ti-kwan-ko-ra]

sky ewiem [e-wie-m]

sleep (n.) da [da]

sleeping bag kotokuo a wɔda mu [ko-to-kuo-a wo-da mu]

sleeping car afidie a wɔda mu [a-fi-die-a wo-da mu]

sleeping pills nnahɔɔ aduru [n-na-hoo a-du-ru]

slow brɛoo [breoo]

small ketewa [ki-ti-wa], kumaa [ku-maa]

smell nka [nka]

smile sereɛ [se-ri-ye]

smoke wusie [wu-sie]

smoking hyɛ [she]

smooth (*adj.*) toromtorom [trom-trom]

snack (*n.*) anonie [a-no-nie]

snake ɔwɔ [o-wo]

snow (*n.*) asukɔtweaa [a-su-ko-chwiaa]; (*v.*) asukɔtwea tɔ [a-su-ko-chwiaa to]

soap samina [se-mi-na]

soccer bɔɔlbɔ [bool-bo]

sock bɔ [bo]

soft mmerɛ [m-mi-re]

sold tɔneeɛ [ton-ye]

sold out tɔn [ton]

soldier ɔsraani [o-sraa-ni]

some bi [bi]

someone obi [o-bi]

something biribi [bi-ri-bi]

son babarima [ba-be-ri-ma]

song nnwom [n-nwom]

soon seisei ara [se-si ara]

sore (*adj.*) ya [ya]
sorry due [du-e]
sound nyegyeɛ [nyi-ji ye]
soup nkwan [n-kwan]
sour nwe [nwe]
source fibea [fi-bea]
south anaafoɔ [a-naa-four]
soy aduane a wode soya ayɛ [a-dua-ne-a wo-de so-ya a-ye]
spare (*adj.*) dom [dom]
spare part nsi ananmu [n-si a-nan-mu]
speak kasa [ka-sa]
special sononko [so-non-ko]
speed mmirika [m-mi-ri-ka]
speed limit mmirika ano si [m-mi-ri-ka a-no si]
speedometer mmirikatu susudua [m-mi-ri-ka-tu su-su-dua]
spell sopɛ [so-pe]
spend di [di]
spicy mako atwa mu [ma-ko a-chwa mu]
spider ananse [a-nan-si]
spine akyi dompe [e-chi dom-pey]
spoon atere [a-tiri]
sport(s) agokansie [a-go-kan-sie]
spring asusɔbere [e-su-so-bre]
square ahinanan [a-hin-an-an]
stadium agodibea [a-go-di-bea]
staff poma [po-ma]
stairs atwedeɛ [a-chwi-die-poe]
stamp ntimsoɔ [n-tim-sour]
stand gyina ntenten [ji-na ntin-tin]
standard (*n.*) gyinapɛn [ji-na-pen]
start fi ase [fi ase]
state ɔman [o-man]
station gyinabea [ji-na-bia]
statue ohoni [o-ho-ni]
stay tena [ti-na]
steak fa [fa], nantwi nam [nan-chwi nam]
steal wia [wia]

step anamɔn [a-na-mon]
sterile obi a ontumi nwo [o-bi-a on-tu-mi nwo]
stitch pam [pam]
stolen awia [a-wia]
stomach yafono [ye-fo-no]
stone ɛboɔ [e-bour]
stop (*v.*) gyae [jai]; (*n.*) gyina [ji-na]
store sotɔɔ [sotoo]
storm ahum [e-hum]
stove muka [mu-ka]
straight tee [tii]
stranger ɔhɔhoɔ [o-ho-hour]
street abonten [a-bon-tin]
student sukuuni [su-kuu-ni]
study sua [sua]
substitute nsiananmu [n-si a-nan mu]
suburb kuro ketewa [ku-ro ke-te-wa]
subway kwan ketewa [kwan ki-ti-wa]
sugar asikyire [a-si-chi-re]
suit fata [fa-ta]
suitcase adaka [a-da-ka]
suite atadeɛ a ɛbɔ [a-taa-de-a e-bo]
summer ehuhuroberɛ [e-hu-hu-ro-bre]
summon (*v.*) saman [sa-man]
sun awia [a-wia]
sunblock awia ano sie [a-wia ano sie]
sunburn awiahyeɛ [a-wia-she]
supermarket dwa kɛseɛ [jwa ke-si-ye]
supplies nneɛma a wɔde ma [n-nie-ma-a wo-de ma]
surgeon oprehyɛnyɛfoɔ [o-pre-shen-ye-four]
surgery oprehyɛn [o-pre-shen]
surname abusua din [a-bu-sua din]
surprise anwawasɛm [an-wa-wa-sem]
surrender (*v.*) ahofama [a-ho-fa-ma]
suspect (*n.*) obi a yɛsusu sɛ wɔayɛ biibi [obi a ye-su-su se waye biibi]
swallow (*v.*) mene [mi-ni]

swear ntamka [n-tam-ka]
sweat mfifire [m-fi-fi-re]
sweet dɛ [de]
swelling rehono [ri-ho-no]
swim boro nsuo [bro nsuo]
symbol ahyɛnsodeɛ [a-she-n-so-di-e]
symptom agyinahyɛde [a-ji-na-she-di ye]
synagogue asɔrefie [a-so-ri-fie]
syringe paneɛ [pa-ni-ye]
system nhyehyɛeɛ [n-shi-she-ye]

T

table ɛpono [e-po-no]
tag agyirae [a-gyi-rae]
take fa [fa]
talk kasa [ka-sa]
tall tenten [tin-tin]
tampon amuase [a-mua-se]
tape susuhoma [su-su-ho-ma]
taste kahwɛ [ka-shwe]
tax ɛtoɔ [e-tour]
taxi taasii [taa-sii]
tea nsufi [nsufi]
teacher ɔkyerɛkyerɛni [o-chi-re-chi-re-ni]
telephone ahomatrofoɔ [a-ho-ma-tro-four]
television tie hwɛ [tie shwe]
tell ka [ka]
temperature ɔhyew ano den [o-shew a-no din]
temple asɔredan [a-so-ri-dan]
temporary ɛnkyɛ [en-kye]
ten du [du]
tenant obi a ɔhae dan [obi a o-hai dan]
tent ntomadan [n-to-ma-dan]
territory ɔman a ɛhyɛ obi ase [oman a e-she obi asi]
terrorist adɔnfoɔ [a-don-four]

test nsɔhwɛ [nso-shwe]
thank you medaase [me-daa-se]
that saa [saa]
theater agorohwɛbea [a-go-ro-shwe-bea]
then afei [a-fei]
there ɛhɔ [eho]
they wɔn [won]
thief ɔkrɔnfoɔ [o-kron-four]
thigh srɛ [sre]
thin hweahwea [hwia-hwia]
thing ade [a-de]
think dwene [jwi-ni]
thirsty nsukɔm [n-su-kom]
thirty aduasa [a-dua-sa]
this yei [yei]
thought nsusueɛ [n-su-su-ye]
thousand apem [a-pim]
threat ntrɛnee [n-tre-nii]
three mmiensa [mi-en-sa]
throat mene mu [mi-ni-mu]
through twam [chwam]
throw to [to]
thumb kokurobotie [ko-ku-ro-bo-ti]
thunder apranaa [a-pra-naa]
Thursday Yawoada [Ya-woa-da]
ticket tɛkiti [te-ki-ti]
tie kyekyere [chi-chi-re]
time mmerɛ [m-mi-re]
tip ano [a-no]
tire (v.) brɛ [bre]
today ɛnnɛ [en-ne]
together nkabom [n-ka-bom]
toilet tiafi [tie-fi], agyanan [e-ja-nan]
toilet paper tiafi krataa [tie-fi kra-taa]
toll (n.) akwanso toɔ [a-kwan-so tour]
tomato ntoosi [n-too-si]
tomorrow ɔkyena [o-chi-na]

tonight anadwo yi [a-na-jwo yi]

tool dadeɛ [da-di-ye]

tooth ɛse [e-si]

toothache kaka [ka-ka]

toothbrush se brɔɔs [se broos]

toothpaste setwitwi aduro [se-chwi-chwi e-du-ro]

top soro [so-ro]

torture yɛ ayayade [ye a-ya-ya-de]

total ne nyinaa [ni n-yi-naa]

touch ka [ka]

tourist nsrahwɛfoɔ [n-sra-shwe-four]

towel mpopaho [m-po-pa-ho]

town kuro [ku-ro]

trade dwadie [jwa-die]

tradition amammerɛ [a-mam-mi-re]

traditional amammerɛ kwan so [a-mam-me-re kwan so]

traffic mfidie akɔneaba [m-fi-die i a-ko-nia-ba]

trail akyi di [e-chi di]

train keteke [ke-te-ke]

train station keteke gyinabea [ke-te-ke ji-na-bia]

transfer fa kɔ baabi foforɔ [fa ko baa-bi fo-fo-ro]

translate kyerɛ asee kɔ kasa foforɔ mu [chi-re a-sie ko kasa foforo mu]

translator nsɛm asekyerɛfoɔ [n-sem a-si-chi-re-four]

transplant tu dua [tu dua]

transport fa tu kwan [fa tu kwan]

transportation akwantuo [a-kwan-tuo]

trap (v.) sum afidie [sum e-fi-die]

trash adeɛ a mfasoɔ nni so [adie a mfa-sour nni so]

travel akwantuo [a-kwan-tuo]

tray apampa [a-pam-pa]

treat ɔkwan a wo ne obi di [o-kwan-a wo-ne o-bi di]

trespassing reyɛ mfomsoɔ [ri-ye m-fom-sour]

trial asɛnnie [asen-nie]

triangle triangle [trai-an-gl]

tribe abusuakuo [e-bu-sua-kuo]

trick (n.) nnaadaa [n-naa-daa]

trip akwantuo [a-kwan-tuo]
trolley teaseɛnam [tea-see-nam]
trouble amaneɛ [a-ma-ni-ye]
truck hyɛn [shen]
trunk adaka [a-da-ka]
trust ahotoso [a-ho-to-so]
truth nokware [no-kwa-ri]
try sɔ hwɛ [so-shwe]
true ampa [am-pa]
Tuesday Benada [bi-na-da]
tunnel tokuro [to-ku-ro]
turn dane [da-ni]
tutor ɔkyerɛkyerɛfoɔ [o-chi-re-chi-re-four]
twelve dummienu [du-mi-enu]
twenty aduonu [a-duo-nu]
twice (*adv.*) mpɛn abien [m-pen a-bien]
twin ntafoɔ [n-ta-four]
type (*n.*) bɔ [bo]

U

umbrella akatawia [a-ka-ta a-wia]
uncle wɔfa [wo-fa]
uncomfortable nyɛ ahotɔ [n-ye a-ho-to]
unconscious mmɛreo tɔ [m-me-reo to]
under aseɛ [a-si-ye]
underground asase ase [a-saa-se a-se]
understand ntease [n-ti-a-sie]
underwear tuakoto [chwa-ko-to]
undo nyɛ [n-ye]
unfamiliar hɔhoɔ [ho-hour]
unhappy ɛnyɛ anigye [en-ye a-ni-je]
uniform sukuu atadeɛ [su-kuu a-taa-dee]
union nkabom [n-ka-bom]
United States Amerika man [A-me-ri-ka Ku-ro]
university sukuupɔn [su-kuu-pon]

unlock bue [bue]
until ansa [an-sa]
unusual ɛnyɛ bere biara [e-nye bi-ri biaa]
up (*adv.*) soro [so-ro]
use (*v.*) fa yɛ [fa ye]
usual bere biara [be-re biara]

V

vacancy kwanya [kwa-nya]
vacation akwama [a-kwa-ma]
vaccinate aduru wɔ [a-du-ru wo]
vanilla ɛnyɛ soronko [en-ye so-ron-ko]
vegetable atosodeɛ [a-to-so-di-yee]
vegetarian obi a okyi nam [o-bi-a o-chi nam]
vehicle afidie [a-fi-die]
veil (*n.*) nkatanim [n-ka-ta-nim]
vein ntini [n-ti-ni]
verb adeyɛ [a-di-ye]
very (*adj.*) paa [paa]
video sini [si-ni]
view hwɛ [shwe]
village akurase [a-ku-raa]
violence basabasayɛ [ba-sa-ba-sa-ye]
virus mmoawa [m-moa-wa]
visa akwantu nna tumi krataa [a-kwan-tu nna tumi kra-
    taa]
visit sra [sra]
visitor ɔhɔhoɔ [o-ho-hour]
voice nne [nni]
volunteer atuhoakyɛ [a-tu-ho-a-che]
vomit fe [fi]
vote tow aba [tow a-ba]

W

wait twɛn [chwen]
wake nyane [n-ya-ni]
walk nante [nan-ti]
wall ɛban [e-ban]
wallet sika kotoku [si-ka ko-to-ku]
want hia [hia]
war ɔko [o-ko]
warm ɔhyew [o-shew]
warn kɔkɔ [ko-ko]
warning kɔkɔbɔ [ko-ko-bo]
wash horo [ho-ro]
washing machine nneɛma horo afidie [n-nie-ma ho-ro a-fi-die]
watch hwɛ [shwe]
water nsuo [n-suo]
we yɛn [yen]
wear (v.) hyɛ [she]
weather ewiem nsakraeɛ [e-wie-m nsa-kra-ye]
wedding ayeforɔ [a-ye-fo-ro]
Wednesday Wukuada [Wu-ku-a-da]
week nnawɔtwe [nna-wo-chwe]
weekday nnawɔtwe da [nna-wo-chwe da]
weekend nnawɔtwe awieɛ [nna-wo-chwe a-wie-ye]
weigh susuw muduro [su-suw muduro]
welcome akwaaba [a-kwaa-ba]
well (interj.) aah [aah]
west atɔeɛ [a-to-ye]
what deɛn [dien]
wheat wheat [whiit]
wheel wheel [whiil]
wheelchair ayarefoɔ adwa [a-ya-re-foo a-dwa]
when bere bɛn [be-re ben]
where ɛhe [ehe]
whistle (v.) bɔ abɛn [bo a-ben]
white fitaa [fi-taa]

who hwan [whan]
why aden [a-den]
wife yere [yi-ri]
wild wuramu [wu-ra-m]
win nkunimdie [n-ku-nim-die]
wind mframa [m-fra-ma]
window ntokua [n-to-kua]
wine nsa [n-sa]
wing ntaban [n-ta-ban]
winter awɔbere [a-wo-bre]
wipe pepa [pi-pa]
wire ahoma [a-ho-ma]
wireless Internet intanɛt a ahoma biara nsa so [in-ta-net
    a a-ho-ma biaa n-sa-so]
wisdom nyansa [n-yan-sa]
withdraw twe [chwi]
withdrawal ɔtwe [san yi]
without nka ho [n-ka ho]
woman ɔbaa [o-baa]
wood dua [dua]
wool asaawa [a-saa-wa]
word asɛmfua [a-sem-fua]
work adwuma [a-jwu-ma]
world wiase [wia-se]
worm nsonsoon [n-son-sono]
worry haw [haw]
wrap (*v.*) bobare [bo-ba-re]
wrist nsakɔn [n-sa-kon]
write twerɛ [chwi-re]
wrong ɛntene [en-ti-ni]

X

x-ray mfoni saman [m-fo-ni sa-man]

Y

year afe [a-fe]
yeast mmɔreka [m-mo-ri-ka]
yell tia mu [tiam]
yellow akokɔ sradeɛ [a-ko-ko-sra-di-ye]
yes aane [aa-ni]
yesterday nnora [n-no-ra]
yogurt yoghurt [yo-got]
you wo [wo]
young (*adj.*) ketewa [ke-te-wa]

Z

zero hwee [shwee]
zipper ɔka si anim [o-ka si a-nim]
zoo mmoa tenabea [m-moa ti-na -bia]

ENGLISH–ASANTE TWI
PHRASEBOOK

BASIC PHRASES

Yes.	No.	Okay.
Aane.	Daabi.	Yoo.
[Aani.]	[Dee-bi.]	[Yoo.]

Do you speak English?
Woka brɔfo?
[Wo-ka bro-fo?]

Excuse me. *(to get attention / to pass)*
Mesrɛ wo.
[Me-sre wo.]

Please.	Thank you.	You're welcome.
Mepa wo kyɛw.	Medaase.	Yɛnna ase.
[Me-pa wo chew.]	[Me-daa-se.]	[Yenna ase.]

Sorry.	It doesn't matter.
Due.	Ɛnyɛ hwee.
[Du-e.]	[En-ye shwee.]

I need ...	Help!
Mehia ...	Boa me!
[Mi-hia ...]	[Bo-a mi!]

Where is the bathroom?
Adwaeɛ no wɔ he?
[A-jwaa-ye no wo he?]

entrance	exit
baabi a wɔfa kɔ mu	baabi a wɔfa pue
[baa-bi a wo-fa ko-mu]	[baa-bi a wo-fa pue]

open	**closed**
bue	to mu
[bu-e]	[to-mu]

good	**bad**
ɛyɛ	ɛnyɛ
[e-ye]	[e-nye]

Who? Hwan? [Hwan?]
What? Deɛn? [Dien?]
Where? Ɛhe? [E-he?]
When? Bere bɛn? [Be-re ben?]
Why? Adɛn? [A-den?]

this yei [we-i]
that saa [sa-a]

here ha [ha]
there ɛhɔ [eho]

GREETINGS

Hello.
Agoo.
[a-goo.]

Goodbye.
Ɛkyire yi.
[E-chi-re yi.]

Good morning.
Maakye.
[Maa-chi.]

Good afternoon.
Maaha.
[Maa-ha.]

Good evening.
Maadwo.
[Maa-jwo.]

Good night.
Da yie.
[Da yie.]

Welcome!
Akwaaba!
[A-kwaa-ba!]

How are you?
Wo ho te sɛn?
[Wo ho te-sen?]

I'm fine, thank you.
Me ho yɛ, medaase.
[Mi-ho ye, me-daa-si.]

And you?
Na wo nso ɛ?
[Na wo n-so e?]

See you ...
Yɛbɛhyia ...
[Yen-shia ...]

soon	later	tomorrow
ɛnkyɛ	akyire yi	ɔkyena
[en-che]	[e-chi-re yi]	[o-che-na]

Take care!
Hwɛ wo ho so yie!
[Shwe wo ho so yie!]

LANGUAGE DIFFICULTIES

Do you speak English?
So woka brɔfo?
[So wo-ka bro-fo?]

Does anyone here speak English?
Obi wɔ ha a ɔka brɔfo?
[O-bi wo ha a o-ka bro-fo?]

I speak only English.
Meka brɔfo nkoaa.
[Mi-ka bro-fo n-koaa.]

I don't speak Twi.	**I speak only a little Twi.**
Me nka Twi.	Meka Twi kakra.
[Mi-n-ka chwi.]	[Mi-ka chwi ka-kra.]

Do you understand?
Wote aseɛ?
[Wo-ti a-sie?]

I understand.	**I don't understand.**
Mete aseɛ.	Mente aseɛ.
[Mi-ti asie.]	[Mi-n-te ase.]

What does ... mean?
... ase kyerɛ sɛn?
[... ase chre sen?]

How do you say ... in Twi?
Wobɛka ... sɛn wɔ Twi kasa mu?
[Wo-be-ka ... sen wo chwi ka-sa mu?]

How do you spell ... ?
Wɔtwerɛ ... sɛn?
[Wo-chwe-re ... sen?]

Could you please ...?
Mesrɛ wo wobetumi ...?
[Me-sre wo wo-be-tu-mi ...?]

repeat that	**speak more slowly**	**speak louder**
ka bio	kasa brɛoo	kasa den
[ka-bi-o]	[ka-sa breoo]	[ka-sa den]

point out the word for me	**write that down**
kyerɛ me asɛmfua no	twerɛ yei to hɔ
[chi-re me a-sem-fua no]	[chwi-re wei to ho]

wait while I look it up
twɛn na menhwɛ
[chwen na me-n-shwe]

TRAVEL & TRANSPORTATION

ARRIVAL, DEPARTURE, AND CLEARING CUSTOMS

I'm here ...
Me wɔ ha ...
[Me-wo-ha ...]

on vacation akwama [a-kwa - ma]	**for business** ma adwuma [ma-dwu-ma]
to visit relatives akɔsra abusuafo [ako sra e-bu- sua-fo]	**to study** akɔ sua ade [ako-sua-ade]

I'm just passing through.
Merefa mu kɛkɛ.
[mii-fa mu keke.]

I'm going to ... Merekɔ ... [Me-ko ...]	**I'm staying at ...** Mete ... [Me-te ...]

I'm staying for X ...
Mɛtena ha X ...
[Metina ha ...]

days	**weeks**	**months**
nna	nnawɔtwe	abosome
[n-na]	[n-na-wo-chwe]	[abo-so-me]

I'm with a group. Mewɔ kuo bi mu. [Me-wo kuo- bi mu.]	**I'm on my own.** Mede me ho. [Me-de me-ho.]

* * * * * * * * * * * * * * * * *

You Might Hear

Wowɔ biribi a wobɛda no adi?
[Wo-wo bi-ri-bi a wo be da no a-di?]
Do you have anything to declare?

Wo ankasa na wohyehyɛeɛ yɛ?
[Wo an-ka-sa-na wo-shi-hyee ye?]
Did you pack this on your own?

Mesrɛ wo bue kotokuo no mu.
[Me-sre-wo bu-e ko-to-kuo-no mu.]
Please open this bag.

Ɛsɛ sɛ wo tua toɔ wɔ so.
[E-se-se wo tua to-o wo-ho.]
You must pay duty on this.

Wobɛ di nna sɛn?
[Wo-be di n-na sen?]
How long are you staying?

Ɛhe na wote?
[E-he na wo-te?]
Where are you staying?

* * * * * * * * * * * * * * * * *

I have nothing to declare.
Menni hwee da no adi.
[Men-ni shwii da no e-di.]

I'd like to declare ...
Mepε sε me da ... no adi.
[Me-pe se me da ... no a-di.]

Do I have to declare this?
Εsε sε me da yei adi?
[E-se se-me da wei a-di?]

That is mine.
Εno yε me dea.
[E-no ye me-dea.]

That is not mine.
Εno εnnyε me dea.
[E-no en-nye de-a.]

This is for personal use.
Yei yε me ara me deε.
[Wei ye miaa mi-die.]

This is a gift.
Yei yε akyedeε.
[Wei ye a-kye-die.]

Here is my ...
Yei ne me ...
[Yei ne me ...]

boarding pass
tumi krataa a yεde fro hyεn
[tu-mi kra-taa-a ye-de fro shen]

ticket
twam krataa
[chwam kra-taa]

ID
ahyεnsodeε
[a-shen-so dee]

passport
akwantufoɔ tumi krataa
[a-kwan-tu-fo tu-mi kra-taa]

visa
krataa a εma wotumi tukwan kɔ ɔman foforo so
[kra-taa a e-ma wo-tu-mi tu-kwan ko o-man fo-fo-ro so]

You Might See

Hyiɛso banbɔfoɔ
[shie-so ban-bo-foo]
Immigration/Customs

Kwantuo tumi krataa ho banbɔ
[kwan-tuo tu-mi kra-taa ho ban bo]
Passport control

Nhwehwɛmu bea
[n-shwi-shwe-mu bia]
Check-in

Bea ɔgye bɔtɔ
[be-a o-gye bo-to]
Baggage Claim

Nkyem nsie
[n-chem n-sie]
Quarantine

Amanfrafoɔ
[a-man-fra-foo]
Foreigners

Wo ntua toɔ
[wo n-tua too]
Duty-Free

Apoose
[apo-osi]
Police

Ɔbanbɔfoɔ nhwehweɛmu bea
[o-ban-bo-foo n-shwi-shwe-mu bea]
Security Check

BUYING TICKETS

Where can I buy a ... ticket?
Ɛhenefa na menya atɔ ... twam krataa?
[E-he-ne-fa-na me-nya a-to ... chwam kra-taa?]

bus	**plane**	**train**
hyɛn	wiemuhyɛn	keteke
[shen]	[wie-mu-shen]	[ke-te-ke]

subway
abom kwan bɔmukwan
[a-bom kwan]

one-way	**round-trip**
kwan koro	nkɔ bɛsie
[kwan ko-ro]	[n-ko be-sie]

first class	**economy class**
nipa a edi mu tenabea	adamusa tenabea
[ni-pa-a e-di mu tenabea]	[a-da-mu-sa ti-na-bea]

business class
dwadifoɔ tenabea
[jwa-di-foo ti-na-bea]

Can I buy a ticket on the ...?
Metumi atɔ hyɛnforo krataa ewɔ ...?
[Me tu-mi a-to hyen-fo-ro kra-taa e-wo ...?]

bus	**train**	**boat**
hyen	keteke	nsuohyɛn
[shen]	[ke-te-ke]	[n-su-shen]

A ticket to ..., please.
Mesrɛ wo, akwantuo krataa kɔ ...
[Mi-sre wo, a-kwan-tuo kra-taa ko ...]

One ticket, please.
Akwantuo krataa baako, mesrɛ wo.
[A-kwan-tuo kra-taa baa-ko, me-sre wo.]

Two tickets, please.
Akwantuo krataa mmienu, mesrɛ wo.
[A-kwan-tuo kra-taa m-mie-nu, me-sre wo.]

How much?
Ɛyɛ sɛn?
[E-ye sen?]

Is there a discount for …?
Yɛte so anaa …?
[Ye-te so -anaa …?]

children	senior citizens	students
nkwadaa	mpanyimfo	sukuufoɔ
[n-kwa-daa]	[m-pa-nim-fo]	[su-kuu-fo]

tourists
nsrahwɛfoɔ
[n-sra-shwe-foo]

I have an e-ticket.
Me wɔ akwantu krataa ye gye ne wiase ntentan
   kɛse so.
[Me wo a-kwan-tu kra-taa ye gye-ne wi-ase n-ten-tan
   ke-se so.]

Do I need to stamp the ticket?
Ebehia sɛ metim hyɛn foro krataa no so anaa?
[E-be-hia-se me-tim shen-fo-ro kra-taa-no so a-naa?]

```
· · · · · · · · · · · · · · · · · ·
·                                  ·
·          You Might See           ·
·                                  ·
·  Mpoma a yɛ twa hyɛnforo krataa  ·
·  [M-po-ma-a ye chwa shen-fo-ro kra-taa]  ·
·  Ticket window                   ·
·                                  ·
·  Yɛagya ama                      ·
·  [Yea-ja ama]                    ·
·  Reservations                    ·
·                                  ·
· · · · · · · · · · · · · · · · · ·
```

I'd like to ... my reservation.
Mepɛ sɛ me ... me je.
[Me-pe-se me ... me gye.]

change	cancel	confirm
sesa	twam	si so dua
[se-sa]	[chwam]	[si-so dua]

How long is this ticket valid for?
Hyɛn foro krataa bɛyɛ adwuma akosi mere ben?
[Shen fo-ro kra-taa be-ye e-jwu-ma a-ko-si m-mere-ben?]

I'd like to leave ...
Mepɛ sɛ mekɔ ...
[Me-pe-se me-ko ...]

I'd like to arrive ...
Mepɛ sɛ me duru ...
[Me-pe-se me du-ru ...]

today	tomorrow	next week
ɛnnɛ	ɔkyena	ɛnnɛ nnawɔtwe
[e-nne]	[o-chi-na]	[en-ne n-naa-wo-chwi]

in the morning	in the afternoon
wɔ anɔpa	wɔ awia bere mu
[wo a-no-pa]	[wo a-wia be-re-mu]

in the evening	late at night
wɔ anwumere	anadwo sum
[wo a-nwu-me-re]	[a-na-jwo sum]

TRAVELING BY AIRPLANE

When is the next flight to ...?
Wiemhyɛn a edihɔ bɛkɔ he ...?
[Wiem-shyen-a e-di-ho be-ko he ...?]

Is there a bus/train to the airport?
Hyen/keteke a yɛdekɔ wiemhyɛn gyinabea wɔ hɔ?
[Hyen/ke-te-ke a ye-de-ko wiem-shen ji-na-bea wo-ho?]

How much is a taxi to the airport?
Sɛn na taasii no gye firi ha de kɔ wiemhyɛn
  gyinabɛa?
[Sen na taa-sin-no je fi-ri ha de ko wiem-shen ji-na-bea?]

Airport, please.
Mesrɛ wo, wiemhyɛn gyinabea.
[Mi-sre wo, wiem-shen ji-na-bea.]

My airline is ...
Me wiemhyɛn ne ...
[Me wiem-shen ne ...]

My flight leaves at ...
Me wiemhyɛn no tu ha ...
[Me wiem-shen no tu ha ...]

My flight number is ...
Me wiemhyɛn no mma yɛ ...
[Me wiem-shen no-ma ye ...]

What terminal?   **What gate?**
Mfampie bɛn?   Ɛpono bɛn?
[M-fam-pie ben?   E-po-no ben?]

Where is the check-in desk?
Hen na hyɛmu pono no wɔ?
[Hen na shwe-mu po-no no wo?]

My name is …
Me din de …
[Me din de …]

I'm going to …
Meekɔ …
[Mee-ko …]

Is there a connecting flight?
Wiemhyɛn bi wɔ hɔ a ɛkɔsi hɔ?
[Wiem-shen bi wo ho a e-ko-si ho?]

I'd like … flight.
Mɛpɛ … wiemhyɛn.
[Me-pe … wiem-shen.]

a direct	**a connecting**	**an overnight**
kɔ tee	ɛkɔ bɔm	anadwo mu
[ko tee]	[e-ko bom]	[a-na-jwo mu]

How long is the layover?
Yɛtwɛn hyɛn akɔsi bre bɛn?
[Ye-chwen shen a-ko-si bre ben?]

I have …
Me wɔ …
[Me wo …]

one suitcase	**two suitcases**
adaka baako	nnaka mmienu
[a-da-ka baa-ko]	[n-na-ka m-mie-nu]

one carry-on item
nneɛma ɛmu nyɛ duru baako
[n-nee-ma e-mu n-ye du-ru baa-ko]

two carry-on items
nneɛma ɛmu nyɛ duru mmienu
[n-nee-ma e-mu n-ye du-ru m-mie-nu]

Do I have to check this bag?
Ewɔ sɛ me hwehwɛ me bɔtɔ yei mu?
[E-wo se me shwi-shwe bo-to wei mu?]

How much luggage is allowed?
Nnooma dodoɔ sɛn na yɛma ho kwam?
[N-neo-ma do-doo sen na ye-ma ho kwan?]

I'd like … seat.
Mepɛ … adwa.
[Me-pe … e-jwa.]

a window	an aisle	an exit row
ntokua	nkonwa ntɛm	yɛfa so pue
[n-to-kua]	[n-kon-wa n-tem]	[ye-fa-so pue]

Can you seat us together?
Wobetumi ama yɛn atena faako?
[Wo-be-tu-mi ama yen a-te-na faa-ko?]

Is the flight …?
Ewiemhyɛn no …?
[Wiem-shen no …?]

on time	delayed	cancelled
wɔ ne brɛ so	aka akyire	yɛtwam
[wo-ne bre-so]	[a-ka a-chi-re]	[ye-chwa-m]

Where is the baggage claim?
Ehefa na yɛgye yɛn nneɛma?
[E-he-fa na yeg-ye yen n-ne-ma?]

You Might Hear

Nea ɛdi hɔɛ
[Nea e-di ho!]
Next!

Akwantuo krataa, mepa wo kyɛw.
[A-kwan-tuo kra-taa me-pa-wo-chew.]
Your passport/boarding pass, please.

Pra wo bɔtɔ mu.
[Pra wo bo-to mu.]
Empty your pockets.

Yi wo mpaboa.
[Yi wo m-pa-boa.]
Take off your shoes.

**Mesrɛ wo fa dadeɛ adeɛ biara to
    apampa no so.**
[Me-sre wo fa da-dee a-dee bia-ra to
    a-pampa-no so.]
Place all metal items in the tray.

Ewiemhyɛn nɔmma ...
[Wiem-shen no-ma ...]
Flight number ...

Afei na yɛrekɔ foro wiemhyɛn no ...
[A-fei-na yee-ko fo-ro wiem-shen no ...]
Now boarding ...

Ɛpono nɔmma ...
[E-po-no no-ma ...]
Gate number ...

You Might See

Bra mu
[Bra mu]
Check-in

Wo foro
[Wo fo-ro]
Boarding

Wiase ntentan kɛse so akwantufoɔ krataa, yɛde wura mu
[Wia-se n-ten-tan ke-se so a-kwan-tu-fo kra-taa, yedi wura mu]
E-ticket check-in

Tumi krataa yɛde foro hyɛn
[tu-mi kra-taa ye-de fo-ro shen]
Boarding pass

Abammɔfoɔ
[A-ban-mofoo]
Security

Bea yegye nnaka
[Be-a ye-je n-na-ka]
Baggage claim

Amanaman mu
[a-ma-na-man]
International

Fie
[fie]
Domestic

Aduruyɛ
[A-du-ru-ye]
Arrivals

Afiriyɛ
[A-fi-ri-ye]
Departures

Mbommu
[M-bo-m-mu]
Connections

I've lost my luggage.
Ma yera me nnɔɔma.
[Ma ye-ra me n-neo-ma.]

My luggage has been stolen.
Obi awia me nnɔɔma.
[O-bi a-wia-me n-neo-ma.]

My suitcase is damaged.
M'adaka no asɛe.
[Ma-da-ka-no a-sei.]

TRAVELING BY TRAIN

Which line goes to … Station?
Kwan bɛn na ɛkɔ … hyɛn gyinabea hɔ?
[Kwan ben na e-ko … shen ji-na-bea ho?]

Is it direct?
Ɛkɔsi hɔ twan?
[E-ko si ho chwan?]

Is it an express/local train?
Ɛye keteke a ɛkɔ akyi/mantam keteke?
[E-ye ke-te-ke-a e-ko a-chi/man-tem ke-te-ke?]

I'd like to take the bullet/high-speed train.
Mepɛ sɛ me foro keteke a ɛtu mirika paa.
[Me-pe-se me fo-ro ke-te-ke-a e-tu mi-ri-ka paa.]

Do I have to change trains?
Ɛbɛhia sɛ mɛsesa keteke?
[E-be hia se me-se-sa ke-te-ke?]

Can I have a schedule?
Metumi anya bere koro?
[Me-tu-mi a-nya be-re ko-ro?]

When is the last train back?
Mmere bɛn na keteke a etwatoɔ no bɛba?
[M-me-re ben na ke-te-ke-a e-chwa-too no be-ba?]

Which track?
Dadekwan bɛn?
[Da-de-kwan ben?]

Where is track …?
Dadekwan … no wɔ he?
[Da-de-kwan … no wo hen?]

Where is/are the …?
… wɔ he n?
[… wo hen?]

information desk
dawuboɔ pono
[da-wu-bo po-no]

reservations desk
akwanya nhyehyɛeɛ pono
[a-kwan-ya n-shi-she-ye po-no]

ticket machine
fidie a ɛtwa akwantuo krataa
[fi-die-a e-twa a-kwan-tuo kra-taa]

ticket office
ɔfese a ɔtɔn akwantuo krataa
[o-soo-ye-a o-ton a-kwan-tuo kra-taa]

waiting room
atwɛneɛ dan mu
[a-chwe-ne ye dan mu]

luggage lockers
bea ɔde kotokuo sie
[bea o-de ko-to-kuo sie]

dining car
keteke dan a wasiesie no sɛ didibea
[ke-te-ke dan-a wa-sie-sie-no se di-di-bia]

This is my seat.
M'adwa nie.
[Ma-jwa nie.]

Here is my ticket.
M'akwantuo krataa nie.
[Ma-kwan-tuo kra-taa nie.]

Can I change seats?
Metumi asesa m'adwa no?
[Me-tu-mi a-se-sa ma-dwa no?]

What station is this?
Hyɛn gyinabea bɛn ni?
[Shen ji-na-bea ben ni?]

What is the next station?
Hyɛn gyinabea bɛn na ɛtoa so?
[Shen ji-na-bea ben na e-toa so?]

Does this train stop at …?
Keteke yi gyina wɔ …?
[Ke-te-ke yi gyi-na wo …?]

TRAVELING BY BUS AND SUBWAY

Which bus do I take for …?
Hyɛn bɛn na memfa nkɔ …?
[Shen ben na me-m-fa n-ko …?]

Which subway do I take for …?
Bɔmukwan bɛn na memfa so nkɔ …?
[Bo-mu-kwan ben na mem-fa so n-ko …?]

Where is the nearest bus stop?
Hyɛn gyinabea a ɛbɛn no wɔ he?
[Shen ji-na ye-a e-be-no wo he?]

Where is the nearest subway station?
Hyɛn gyinayɛ a ɛbɛn wɔ hen?
[Shen ji-na ye-a e-ben wo hen?]

You Might See

Hyɛn gyinabea
[shen gji-na -bea]
Bus stop

Ɛbɔn hyɛn gyinayebea
[e-bon shen ji-na-ye-bea]
Subway station

nnhyɛneɛ mu
[n-nshe-nie mu]
entrance

bea ɔfa pue
[bia o-fa pu-e]
exit

Can I have a bus map?
Metumi anya hyɛn asasemfoni?
[Me-tu-mi a-nya shen a-saa-si-m-fo-ni?]

Can I have a subway map?
Metumi anya hyɛnbɔn asasemfoni?
[Me-tu-mi a-nya shen-bon a-saa-si-m-fo-ni?]

How far is it?
Ne tenten bɛyɛ sɛn?
[Ne tin-tin be-ye sen?]

How do I get to …?
Mɛyɛ dɛn na makɔ …?
[Me-ye den na ma-ko …?]

Is this the bus to …?
Eyi ne hyɛn no a ɛkɔ …?
[Eyi ne shen no a eko …?]

Is this the subway to …?
Eyi ne hyɛnbɔn a ɛrekɔ …?
[Eyi ne shen-bon a ee-ko …?]

Which ...?
Deɛn ...?
[Deen ...?]

gate	line	station	stop
ɛpono	ahoma	gyinabea	gyina
[e-po-no]	[a-ho-ma]	[ji-na-bea]	[ji-na]

When is the ... bus to ...?
Mmerɛ bɛn na ... hyɛn no bɛtu ...?
[M-me-re-ben na ... shen be-tu a-ko ...?]

first	next	last
nea edi kan	nea edi hɔ	nea etwa toɔ
[ne-a e-di kan]	[ne-a e-di ho]	[ne-a e-chwa to]

Do I have to change buses/trains?
Ɛsɛ sɛ mesesa hyɛn/keteke anaa?
[E-se-se me-se-sa shen/ke-te-ke a-naa?]

Where do I transfer?
Ehenefa na metumi amane?
[E-he-ne-fa na me-tu-mi a-ma-ne?]

Can you tell me when to get off?
Wobetumi akyerɛ berɛ a yɛbɛfiri ha?
[Wo-be-tu-mi a-chre be-re-a ye-be-fi-ri ha?]

How many stops to ...?
Aka agyinaeɛ sɛn na ...?
[A-ka a-ji-na ye sen na ...?]

Where are we?
Ɛhenefa na yɛ wɔ yi?
[E-he-ne-fa na ye wo yi?]

Next stop, please!
Agyinaeɛ etoa so no mesrɛ wo.
[A-ji-na ye a e-toa so no, me-sre wo.]

Stop here, please!
Gyina ha, mesrɛ wo.
[Ji-na ha, me-sre wo.]

TAKING A TAXI

Taxi!	**Can you call a taxi?**
Taasii!	Wobetumi afrɛ taasii?
[Taa-sin!]	[Wo-be-tu-mi a-fre taa-sii?]

Where can I get a taxi?
Ɛhe na menya taasii?
[E-he-ne-na men-ya taa-sii?]

I'd like a taxi now.
Mehia taasii seesei ara.
[Me-hia taa-sin se-si-aa.]

I'd like a taxi in an hour.
Mehia taasin dɔn hwerew baako ntam.
[Me-hia taa-sin don shwe-riw baa-ko n-tam.]

Pick me up at …	**Take me to …**
Bɛfa me wɔ …	Fame kɔ …
[Be-fa-me wo …]	[Fa-me-ko …]

this address	**the airport**
akyireakwan	ɛwiemhyɛn gyinabea
[e-chi-re-a-kwan]	[e-wie-m shen ji-na-bea]

the train station	**the bus station**
keteke gyinabea hɔ	hyɛn no gyinabea
[ke-te-ke a-ji-na-be-a-ho]	[shen-no ji-na-bea]

Can you take a different route?
Wobetumi afa kwan foforo so?
[Wo-be-tu-mi a-fa kwan fo-fo-ro-so?]

Can you drive faster/slower?
Wobetumi ako ntemtem/bokoo?
[Wo-be-tu-mi a-ko n-tem-tem/boo-koo?]

Stop/Wait here.
Gyina/Twen ha.
[Gyi-na/Twen ha.]

How much will it cost?
Ne boo beye sen?
[Ne boo be-ye sen?]

You said it would cost …
Wo se ne boo beye sen …
[Wo se e-be-ye sen …]

Keep the change.
Fa nsesa no.
[Fa n-se-sa-no.]

TRAVELING BY CAR

Renting a Car

Where is the car rental?
Ehe na ode hyen hae?
[Ehe na o-de shen hae?]

I'd like …
Mepe …
[Me-pe …]

a cheap car
hyen a ne boo ye fo
[shen-a ne boo ye fo]

a compact car
hyen a woasiesie mu
[shen-a wa-sie-sie mu]

a van
hyɛn a ɛwa
[shen-a e-wa]

an SUV
hyɛn a emu eduru
[shen-a emu e-du-ru]

a motorcycle
dadepɔnkɔ
[da-de pon-ko]

a scooter
hyɛn a ne nan yɛ mmienu
[shen-a ne nan ye m-mie-nu]

a manual transmission
hyɛn a nipa kyimkyim
[shen-a n-ipa chim-chim]

an automatic transmission
hyɛn a ɛno ara nante
[shen-a e-no a-ra nan-te]

air conditioning
fidie bɔ mframa
[fi-die-bo m-fra-ma]

a child seat
akɔdaa adwa
[a-ko-daa a-dwa]

How much does it cost …?
Ne boɔ yɛ sɛn …?
[Ne boo ye sen …?]

per day
da biara
[da biaa]

per week
nnawɔtwe biara mu
[n-naa-wo-twe biaa mu]

per kilometer
wɔ kwansini biara ntam
[wo kwan-si-ni biaa ntem]

for unlimited mileage
kwatenten mmirika a yɛnhu ano
[kwan ten-ten e-mi-ri-ka a yen-hu ano]

with full insurance
ɛwɔ nsiakyiban a ɛdi mu
[ewo n-si-a-chi-ban a e-di-mu]

> ### You Might Hear
>
> **Mehia ntoaseɛ.**
> [Me-hia n-to-asee.]
> I'll need a deposit.
>
> **Ahyɛnsodeɛ wɔ ha.**
> [A-shen-so-dee wo ha.]
> Inital here.
>
> **Fa wo nsa hyɛ aseɛ wɔ ha.**
> [Fa wo nsa she asie wo ha.]
> Sign here.

Are there any discounts?
Ntesoɔ bi wɔ hɔ?
[N-te-soo bi wo ho?]

What kind of fuel does it use?
Fago bɛn na ɛfa?
[Fan-goo ben na e-fa?]

I have an international driver's license.
Miwɔ amanone hyɛnkafoɔ tumi krataa.
[Mi-wo a-ma-no-ne shen-ka-foo tu-mi kra-taa.]

I don't have an international driver's license.
Minni amanone hyɛnkafoɔ tumi krataa.
[Mi-nni a-ma-no-ne shen ka-foo tu-mi kra-taa.]

I don't need it until ...
Menhia ansa kosi sɛ ...
[Min-hia an-sa ko-si-se ...]

   Monday Ɛdwoada [E-jo-wa-da]
   Tuesday Ɛbenada [E-bi-na-da]
   Wednesday Wukuada [Wu-kua-da]
   Thursday Yawoada [Ya-woa-da]
   Friday Fiada [Fia-da]
   Saturday Memeneda [Me-me-ne-da]
   Sunday Kwasiada [Kwa-si-ada]

Fuel and Repairs

Where's the gas station?
Ɛhe na na wɔtɔn gyaframa?
[E-hen-na o-ton ja-fra-ma?]

Fill it up.
Bug gu mu/twerɛ wɔ ha.
[Bu gu mu/chwi-re wo ha]

I need ...
Me hia ...
[Mi hia ...]

gas	**diesel**
mframagya	gasɔyerɛ
[m-fra-ma ja]	[gas-o-yi-re]
leaded	**unleaded**
deɛ lɛɛdi wɔ mu	deɛ lɛɛdi nni mu
[die leed wo mu]	[die leed nni mu]
super	**premium**
petro	primiɔm
[pe-tro]	[pri-miom]

regular
deɛ yɛnim dada/abrebiara
[die ye-nim da-da/a-bre-biaa]

Check the ...
Hwɛ ...
[Hwe ...]

battery	**brakes**	**headlights**
buruwade	agyinade	anim kanea
[bu-ru-wa-de]	[a-gji-na-de]	[a-nim ka-nea]

oil	**tires**	**taillights**
ngo	kɔba	ɛtoɔ nkanea
[n-go]	[ko-ba]	[e-too a-ka-nea]

radiator
fidie a ɛma nsuohyeɛ yɛ nwini
[fi-die-a e-ma n-suo shiw ye n-wi-ni]

transmission
fidie a ɛma ogya firi hyɛn adwene mu kɔ ase
[fi-die-a e-ma o-ja fi-ri shen a-jwe-ne mu ko a-se]

The car broke down.
Hyɛn no sɛeɛ.
[Shen no sei.]

The car won't start.
Hyɛn no ntumi ngye so.
[Shen no n-tu-mi n-ji-so.]

I ran out of gas.
Me gyaframa saeɛ.
[Me ja-fra-ma saai.]

I have a flat tire.
Me kɔba adwo.
[Me- ko-ba a-jwo]

I need a ...
Me hia ...
[Me hia ...]

jumper cable
ahoma ɔde twe anyinam
[a-ho-ma o-de chwe a-nyi-nam]

mechanic
obi a osiesie mfidie
[o-bi-a o-sie-sie m-fi-die]

tow truck
hyɛn a ɔde twe hyɛn fofrɔ a asɛe
[shen-a o-de chwe shen fo-fro-a a-sei]

Can you fix the car?
Wobetumi asiesie hyɛn no?
[Wo-be-tu-mi a-sie-sie shen-no?]

When will it be ready?
Mmerɛ bɛn na wo bewie?
[M-me-re-ben na e-be-wie?]

```
● ● ● ● ● ● ● ● ● ● ● ● ● ● ●
●                                           ●
●             You Might See                 ●
●                                           ●
●   Gyina              Ma kwan              ●
●   [ji-na]            [ma kwan]            ●
●   Stop               Yield                ●
●                                           ●
●   Kwan koro          Mma nhyɛne mu        ●
●   [kwan ko-ro]       [ma n-she-ne mu]     ●
●   One way            Do not enter         ●
●                                           ●
●   Mmirika susude                          ●
●   [m-mi-ri-ka su-su-de]                   ●
●   Speed limit                             ●
●                                           ●
● ● ● ● ● ● ● ● ● ● ● ● ● ● ●
```

Driving Around

Can I park here?
Metumi agyina ha?
[Me-tu-mi a-ji-na ha?]

Where's the parking lot/garage?
Ehe ne hyɛn gyinabea?
[E-he ne ji-na-bea?]

How much does it cost?
Ne boɔ yɛ sɛn?
[Ne boo ye sen?]

Is parking free?
Wo gyina ha wo ntua hwee?
[Wo ji-na ha wo n-tua shwee?]

What's the speed limit?
Mirika ɛwɔ sɛ wo de hyɛ tu ne sɛn?
[Mi-ri-ka e-wo se wo de shen tu ne sen?]

How much is the toll?
Akwan so tɔɔ boɔ no yɛ sɛn?
[a-kwan so tour bour no ye sen?]

Can I turn here?
Metumi adane me ho wɔ ha?
[Me-tu-mi a-da-ne me-ho wo ha?]

Problems while Driving

There's been an accident.
Akwanhyia bi asi.
[A-kwan-shia bi a-si.]

My car has been stolen.
Yɛawia me hyɛn.
[Yea-wia me shen.]

Call the police.
Frɛ poosi.
[Fre po-osi.]

Call an ambulance.
Frɛ ayaresahyɛn.
[Fre a-ya-re-sa-shen.]

My license plate number is ...
Me hyɛn tumi noma ne ...
[Me shen tu-mi no-ma ne ...]

Can I have your insurance information?
Metumi anya wo nsiakyiban ho nsɛm?
[me-tu-mi a-nya wo n-sia-chi-ban ho n-sem?]

Getting Directions

Excuse me, please!
Meserɛ wo mepa wo kyɛw.
[Me-se-re-wo, me-pa wo chew.]

Can you help me?
Wobetumi aboa me?
[Wo-be-tu-mi a-boa me?]

I'm lost.	**Where am I?**
Mayera.	Ɛhe na mewɔ?
[Ma ye-ra.]	[e-he-na me-wo?]

Can you show me on the map?
Wo betumi de akwankyere mfoni no akyere me?
[Wo-be-tu-mi de a-kwan-chre- m-fo-ni no a-chre me?]

Do you have a road map?
Wo wɔ akwankyere mfoni?
[Wo wo a-kwan-che-re m-fo-ni?]

How do I get to …?	**How far is it to …?**
Mɛyɛ dɛn akɔ …?	Firi ha kɔ … yɛ sɛn?
[Me-ye den ako …?]	[Fi-ri-ha-ko … ye sen?]

Is this the way to …?	**Is this the right road to …?**
Kwan yei na ɛkɔ …?	ɔkwan a ɛkɔ … no ni?
[Kwan wei na e-ko …?]	[O-kwan-a e-ko … no ni?]

How much longer until we get to …?
Aka ne tentene sɛn na yɛdu …?
[A-ka-ne ten-te-ne sen na ye-du …?]

You Might Hear

Kɔ w'anim tee.
[Ko wa-nim tee.]
Go straight ahead.

Mane nifa.
[Ma-ne ni-fa.]
Turn right.

Mane benkum.
[Ma-ne ben-kum.]
Turn left.

twa kwan no mu
[chwa kwan no mu]
across the street

wɔ ntweaso no mu
[wo n-chwea-so-no mu]
around the corner

w'anim	**akyire so**	**anim so**	**akyire**
[wa-nim]	[a-chi-re so]	[a-nim so]	[a-chi-re]
forward	backward	in front (of)	behind

wɔ ne nhyiaeɛ so hɔ aa
[wo-ne n-shia-ye-so ho aa]
at the next intersection

wɔ hyen kanea ɛtoa so
[wo shen ka-nea e-toa-so]
at the next traffic light

ɛtoa so	**ansa na**	**akyire yi**
[e-toa-so]	[an-sa na]	[a-chi-re-yi]
next to	before	after

nkyɛn	**akyiri no ho aa**
[n-chen]	[a-chi-ri-no hwaa]
near	far

atifi	**anaafoɔ**	**apueɛ**	**atɔeɛ**
[a-ti-fi]	[a-naa-four]	[a-pue-ye]	[a-toy-e]
north	south	east	west

You Might Hear

Gye ...
[je ...]
Take ...

twene no	**ɛbɔn**	**hyɛn kanea**
[chwi-ne-no]	[ebon]	[shen ka-nea]
the bridge	the tunnel	the traffic circle

kwantenpɔn	**... Kwan**
[kwan ten-pon]	[... kwan]
the highway	... Street/Avenue

Where's ...?
ɛhene ...?
[E-he-ne ...?]

... Street	**this address**
... ɛkwan	akyiriakwan yi
[... e-kwan]	[e-chi-ri-a-kwan yi]

the highway	**the downtown area**
kwantempɔn	anafoɔ famu
[kwan-tin-pon-no]	[a-na-foo fam]

How long does it take ...?
Ebedi mmrɛ sɛn ...?
[E-be-di m-me-re sen ...?]

on foot	**by car**
anammɔn mu	wode afidie hyɛn a
[a-nam-mon mu]	[wo di a-fi-die shen a]

using public transportation
wode amansan hyɛn a
[wo-de a-man-san shen a]

ACCOMMODATIONS

AT A HOTEL

Can you recommend a/an ...?
Wobɛtumi akanfo ...?
[Wo-be-tu-mi a-kan-fo ...?]

Where is the nearest ...?
... bɛn na ɛben ha wɔ he?
[... ben-na e-ben ha wo hi?]

hotel	motel	inn
ahɔhogyebea	ahɔhodan	ahɔhogyebea
[a-ho-ho-ji-be-a]	[a-ho-ho-dan]	[a-ho-ho-ji-be-a]

guesthouse	a bed-and-breakfast
ahɔhofie	mpa ne anɔpa aduane
[a-ho-ho-fie]	[m-pa ne a-no-pa a-dua-ne]

a youth hostel
mmabunu ahɔhofie
[m-ma-bu-nu a-ho-ho-fie]

I'm looking for ... accommodations.
Merehwehwɛ ... dan.
[Me-shwe-shwe ... dan.]

inexpensive	luxurious	traditional	clean
adefode	abɔɔden	amammerɛ	pepa
[a-de-fo-de]	[a-bo-den]	[a-mam-me-re]	[pe-pa]

conveniently located
enyɛ yera kwan
[en-ye yi-ra k-wan]

Is there English-speaking staff?
Adwumayɛni a ɔka brɔfo kasa wɔ ha?
[A-dwu-ma-ye-ni-a o-ka bro-fo ka-sa wo-ha?]

Booking a Room and Checking In

vacancy
akwanya
[a-kwa-n-ya]

no vacancy
akwanya nni ha
[a-kwa-n-ya n-ni-ha]

I have a reservation under ...
M'agye ato hɔ wo ...
[Ma-gy-e a-to ho wo ...]

I don't have a reservation.
Mengye nnto hɔ.
[Me-n-ji n-nto ho.]

Do you have any rooms available?
Wo wɔ adankora wɔ hɔ?
[Wo-wo a-dan-ko-ra wo-ho?]

I'd like a room for tonight.
Mepɛ dankora anadwo yi.
[Me-pe dan-ko-ra a-na-jwo-yi.]

Can I make a reservation?
Metumi agye ato hɔ?
[Me-tu-mi a-ji a-to ho?]

I'd like to reserve a room ...
Me pɛ sɛ megye dankora to hɔ ...
[Me-pe-se me-je dan-ko-ra-to ho ...]

for XX nights
ma anadwo XX
[ma a-na-jwo XX]

for one person
ma onipa baako
[ma ni-pa baa-ko]

for two people
ma nnipa mmienu
[ma ni-pa m-mie-nu]

with a queen-size bed
ne mpa ɛso kakra
[ne m-pa e-so ka-kra]

with two beds
ne mpa mmienu
[ne m-pa m-mie-nu]

Do you have ...?
Wo wɔ...?
[Wo wo ...?]

private bathrooms
adwayɛ a ɛhyɛ ntwom
[a-jwaa-ye a e-she n-chwom]

non-smoking rooms
adankora a yɛnnom nwusie wɔ mu
[a-dan-ko-ra-a ye-n-nom n-wu-sie wo mu]

cots
nkwadaa mpa
[n-kwa-daa m-pa]

a crib
nkwadaa mpa
[n-kwa-daa m-pa]

linens
adokodon
[a-do-ko-don]

towels
mpopaho
[m-po-pa-ho]

a restaurant
adidibea
[a-di-di-bia]

room service
wo tumi soma firi wo dan mu
[wo tu-mi so-ma fi-ri wo-dan mu]

a kitchen
mukaase
[mu-kaa-se]

a microwave
fidie a wɔde ka aduane hye
[fi-die-a wo-de ka a-dua-ne she]

laundry service
ntaade horobea
[n-taa-de ho-ro-bia]

an elevator
fidie a wɔde foro soro
[fi-die-a o-de fo-ro so-ro]

hot water
nsuo hyeɛ
[n-suo shie -e]

air conditioning
abɔmframa nnwin
[a-bo-m-fra-ma n-nwin]

phones
ahomatrofo
[a-ho-ma-tro-fo]

television
akasamfoni
[a-ka-sam-fo-ni]

a business center
dwadibea
[jwa-di-bia]

wireless Internet
ntanɛt a hama nka ho
[n-ta-net-a ha-ma n-ka-ho]

a pool
nsuo tade
[n-su ta-de]

a gym
bea a wɔ tenetene mpɔw mu
[bia-a wo te-ne-te-ne m-pow-mu]

a safe
adekorabea
[a-de-ko-ra-bia]

May I see the room?
Metumi ahwɛ dankora no mu?
[Me-tu-mi a-shw-e dan-ko-ra-no mu?]

Do you have anything ...?
Wo wɔ biribi ...?
[Wo wo bi-ri-bi ...?]

bigger	**cleaner**	**quieter**
kɛse	obi a ɔpepa fi	obi a ɔyɛ dinn
[ke-si]	[o-bi-a o-pe-pa fi]	[o-bi-a o-yie din-n]

less expensive
ne boɔ nyɛ den kɛse
[ne bo-o n-ye den ke-se]

How much is it?
Ne boɔ yɛ sɛn?
[Ne bo-ye sen?]

How much is it per night/person?
Anadwo/Onipa baako bɔɔ yɛ sɛn?
[A-na-dwo/Oni-pa baa-ko bour-ye sen?]

Is breakfast included?
Anɔpa aduane ka ho anaa?
[A-no-pa a-dua-ne e-ka-ho a-naa?]

Does that include sales tax (VAT)?
Toɔ ka ho anaa?
[To-o ka ho a-naa?]

Can I pay by credit card?
Metumi de sika kaad atua?
[Me-tu-mi-de si-ka kad a-tua?]

My credit card number is ...
Me sika kaad noma yɛ ...
[Me si-ka kaad no-ma ye ...]

I'll take it.
Mɛgye.
[Me-gy-e.]

When is check-in?
Bere bɛn na yewuram?
[Be-re-ben na ye-wu-ram?]

Is the room ready?
Dankora no ayɛ krado?
[Dan-ko-ra-no a-ye- kra-do?]

When will the room be ready?
Bere bɛn na dankora no bɛyɛ krado?
[Be-re-ben na dan-ko-ra-no be-ye kra-do?]

room number dankora nɔma [dan-ko-ra no-ma]
floor fam [f-em]
room key dan safoa [dan sa-fo-a]

Staying at a Hotel

Is there a curfew?
Nhyε nna wɔ hɔ anaa?
[N-she nna wo ho?]

How can somebody call my room?
Obi bεsi dεn afrε me dankora yi mu?
[O-bi be-si den a-fre me dan-ko-ra yi-mu?]

Where is the ...?
Wɔ he ...?
[Wo he ...?]

> **bar** nsanombea [n-sa-no-m-bea]
> **bathroom** adwaeε [a-jwaa-ye]
> **convenience store** bodwoa dwadidan [bo-jwo-a jwa-di-dan]
> **dining room** adidi dankora [edi-di dan-ko-ra]
> **drugstore** nnurutɔn bea [n-nu-ru-ton bia]
> **elevator** abansoro so atwedeε [a-ban-so-ro so a-chwe-dee]
> **information desk** nkratoɔ pono [n-kra-to po-no]
> **pool** nsuo tade [n-su ta-de]
> **restaurant** adidibea [a-di-di-bea]
> **shower** nsuo a εfiri soro drobεn mu [n-su-a e-fi-ri so-ro dro-ben mu]

I would like to place these items in the safe.
Mepε sε me de nneεma yi hyε akorade yi mu.
[Me-pe-se me de n-nie-ma yi hy-e a-ko-ra-de yi mu.]

I would like to retrieve my items from the safe.
Mepε sε me yi me nneεma firi akorade yi mu.
[Me-pe-se me yi me n-nie-ma fi-ri a-ko-ra-de yi mu.]

Can I have ...?
Me nsa bɛka ...?
[Me n-sa be-ka ...?]

> **a blanket** kuntu [kun-tu]
> **another room key** dan foforo ano safoa [dan fo-fo-ro a-no sa-fo-a]
> **a pillow** sumiiɛ [su-mii-ye]
> **a plug for the bath** ade a wode siw adwaresuo [ad-de-a wo-de si-w a-jwa-re n-su]
> **soap** samina [sa-mi-na]
> **clean sheets** nwera ɛyɛ fɛ [n-we-ra e-ye fe]
> **towels** mpopaho [m-po-pa-ho]
> **toilet paper** krataa a yɛde kɔ agyanan [kra-taa-a ye-de ko a-gya-nan]
> **a wake-up call at ...** ahomakye frɛ wɔ ... [a-ho-ma-chi fre-wo ...]

Can I stay an extra night?
Metumi atena ha anadwo baako aka ho?
[Me-tu-mi a-te-na ha a-na-jwo baa-ko a-ka- ho?]

Problems at the Hotel

There's a problem with the room.
ɔhaw bi wɔ dankora yi mu.
[O-haw bi-wo da-ko-ra yi mu.]

The lights won't turn on.
Kanea no nsɔ
[Ka-ne-a-no n-so]

The room is too noisy.
Dede wɔ dankora no mu.
[De-de wo dan-ko-ra no mu.]

The ... doesn't work.
... no nyɛ adwuma.
[... no n-ye a-jwu-ma.]

> **air conditioning** abɔmframa afiri [a-bom-fra-ma a-fi-ri]
> **door lock** pono ano krado [po-no a-no kra-do]
> **hot water** nsuo hyeɛ [n-suo she-e]
> **shower** nsuo a efiri soro drobɛn mu [n-suo-a e-fi-ri so-ro dro-ben mu]
> **sink** adwaapaa [a-jwaa-paa]
> **toilet** agyanan [e-ja-nan]

The ... aren't clean.
... no ayɛ fi.
[... no a-ye fi.]

> **pillows** sumiiɛ [su-mii-e]
> **sheets** nwera [n-we-ra]
> **towels** mpopaho [m-po-pa-ho]

The room has bugs/mice.
Ntɛferɛ/nkura wɔ dankora no mu.
[N-te-fe-re/n-ku-ra wo dan-ko-ra-no mu.]

I've lost my key.
M'ayera me safoa.
[Ma-ye-ra me sa-fo-a.]

I've locked myself out.
Maato me ho pono mu wɔ abɔnten.
[Maa-to-me ho po-no mu wo a-bon-ten.]

Checking Out

When is check-out?
Berɛ bɛn na ɛwɔsɛ me firi ha?
[Be-re-ben na e-wo-se me fi-ri ha?]

When is the earliest/latest I can check out?
Berɛ bɛn na ɛyɛ ntɛm/akyɛ sɛ mɛ firi ha?
[Be-re-ben na e-ye n-tem/a-chaa se-me fi-ri ha?]

I would like to check out.
Mepɛ sɛ me firi ha.
[Me-pe-se me fi-ri ha.]

I would like a receipt.
Mepɛ dwadie adanse.
[Me-pe jwa-die a-dan-se.]

I would like an itemized bill.
Mepɛ sɛ wo twerɛ adeɛ biara ne ɛho ka.
[Me-pe-se wo twe-re a-de bi-a-ra ne e-ho ka.]

There's a mistake on this bill.
Mfomsoɔ aba ɛka no nkontabuo ho.
[M-fo-m-soo a-ba e-ka no n-kon-ta-bu-o ho.]

Please take this off the bill.
Mesrɛ wo yi wei firi ɛka no so.
[Mesre wo yi wei fi-ri e-ka no so.]

The total is incorrect.
Ne nyinaa ɛnduru saa.
[Ne n-yi-naa n-du-ru saa.]

I would like to pay ...
Mepɛ sɛ me tua ...
[Me-pe-se me tu-a ...]

by credit card
de sika kaad
[de si-ka kaad]

in cash
de sika
[de si-ka]

by traveler's check
de akwantufoɔ sika krataa
[de a-kwan-tu-fo-o si-ka kra-taa]

Can I leave my bags here until ...?
Metumi agya me bɔtɔ wɔ ha akɔpem ...?
[Me-tu-mi e-ja-me bo-to wo ha a-ko-pem ...?]

RENTING AN APARTMENT OR ROOM

I'd like to rent ...
Mepɛ sɛ me hae ...
[Me-pe-se me ha-e ...]

an apartment
fie a yakyekyɛ mu
[fie-a ya-chi-che mu]

a room
dankora
[dan-ko-ra]

a house
ɛdan
[e-dan]

How much is it per week?
Nawɔtwe boɔ yɛ sɛn?
[Na-wo-chwe bour ye sen?]

I intend to stay for XX months.
Mepɛ sɛ me tena ha abosome XX.
[Me-pe-se me te-na ha a-bo-so-me XX.]

Is it furnished?
W'asiesie mu?
[Wa-sie-sie mu?]

Does it have (a) …?
εwɔ …?
[e-wo …?]

    cooking utensils nkukuo [n-ku-ku-o]
    dishes nkyεnsee [n-chen-si]
    dryer fidie a εwo ntadeε [fi-die-a e-wo n-taa-de]
    kitchen mukase [mu-ka-se]
    linens nwera [n-we-ra]
    towels mpepaho [m-pe-pa-ho]
    washing machine fidie a εsi ntaadeε [fi-die-a e-si
      n-taa-de]

Do you require a deposit?
Wopε sika ntoaseε?
[Wo-pe si-ka n-to-a-se?]

When is the rent due?
Bere bεn na dan ka no so?
[Be-re-ben na dan-ka so?]

Who is the superintendent?
Hena ne ɔhwεfo no?
[He-na ne o-shwe-fo no?]

Who should I contact for repairs?
εba nsiesie a, hena na me mfrε no?
[E-ba n-sie-sie-a, he-na na me m-fre-no?]

CAMPING AND THE OUTDOORS

Can I camp here?
Metumi abɔ sese wɔ ha?
[Me-tu-mi a-bo se-se wo ha?]

Do you have ... for rent?
Wo wɔ ... a wode hae?
[Wo wo ... a wo-de ha-e?]

   campsite beaɛ a w'abɔ sese [bia-a wa-bo se-se]
   cooking equipment nkyɛnsee [n-che-n-see]
   sleeping bags kɛtɛ [ke-te]
   tents apata; sese [a-pa-ta; se-se]

Do you have ...?
Do wɔ ...?
[Wo wo ...?]

   a shower block
   baabi a nsuo firi soro drobɛn mu wɔ
   [baa-bi-a n-sua fi-ri so-ro dro-ben-mu wo]

   laundry facilities   **electricity**
   ntadeɛ si dan   ɛnyinam kanea
   [n-taa-de si dan]   [e-nyi-nam ka-ne-a]

How much is it per ...?
Boɔ yɛ sɛn ...?
[Bo-o ye sen ...?]

lot	person	night
bebree	onipa	anadwo
[be-bre-e]	[oni-pa]	[a-na-jwo]

Where should I park?
Ɛhe na mɛtumi amantam me hyɛn?
[Ehe na metumi amantam me shen?]

Are there ... that I should be careful of?
Ɛsɛ sɛ ... mehwɛ me ho so yiye wɔ ho?
[E-se se ... mi-shw-e me ho so yi-ye-wo ho?]

animals	plants	insects
mmoa	nnua	mmoawa
[m-moa]	[n-nua]	[m-moa-wa]

DINING OUT

MEALS

breakfast anɔpa aduane [a-no-pa a-dua-ne]
brunch anɔpa ne awia aduane [a-no-pa ne a-wia a-dua-ne]
lunch awia aduane [a-wia a-dua-ne]
dinner anwummere aduane [a-nwu-mira a-dua-ne]

snack anodeɛ [a-no-de]
dessert mpanomu [m-pa-nom]

FINDING A PLACE TO EAT

Can you recommend ...?
Wobetumi akanfo ...?
[Wo-be-tu-mi a-kan-fo ...?]

a good restaurant
adidibea papa
[a-di-di-bia pa-pa]

a restaurant with local dishes
adidibea a wɔtɔn ɔman yi mu aduane
[a-di-di-bia a wo-ton o-man-yi mu a-duan-ne]

an inexpensive restaurant
adidibea a aduane boɔ nyɛ den
[a-de-de-bia a a-dua-ne bo nye den]

a popular bar
nsatɔnbea a agye din
[nsa-ton-bia a a-gye den]

I'm hungry.	**I'm thirsty.**
Ɛkɔm de me.	Nsukɔm de me.
[O-kom di mi.]	[N-su-kom di mi.]

TYPES OF RESTAURANTS

bar nsatɔnbea [n-sa-ton-bia]
bistro nsatɔnbea ketewa [n-sa-ton-bia ki-ti-wa]
buffet adidipon [a-di-di-pon]
café nsatɔnbea ketewa [n-sa-ton-bia ki-ti-wa]
fast food restaurant aduane tɔnbea ketewa [a-dua-ne ton-bia ki-ti-wa]
halal restaurant moslomifo adidibea [mo-slo-mi-fo a-di-di-bia]
kosher restaurant judafoɔ aduane tɔnbea [ju-da-four a-dua-ne ton-be-a]
pizzeria bea wɔtɔn ɔtɔn pizza [be-a wo-ton piiza]
restaurant adidibea [a-de-de-bia]
snack bar bea wɔtɔn dokodoko [be-a wo-ton do-ko-do-ko]
steakhouse bea wɔtɔn kyinkyinka [be-a wo-ton chi-n-chi-nka]
teahouse bea wɔtɔn nsufi [b-ea wo-ton nsu-fi]
vegetarian restaurant bea wɔtɔn kyinamfo aduane [be-a wo-ton chi-nam-fo a-dua-ne]
vegan restaurant kyinamfo adidibea [kyi-nam-fo a-de-de-bia]

RESERVATIONS AND GETTING A TABLE

I have a reservation for ...
Magye ha ma ...
[Ma-ji ha ma ...]

The reservation is under ...
Magye ha sɛ ...
[Ma-jl ha se ...]

I'd like to reserve a table for ...
Mepɛ sɛ megye ha ama ...
[Mi-pe-se mi-je ha ama ...]

Can we sit ...?
Yɛbetumi atena ase ...?
[Ye-be-tu-mi a-ti-na a-si ...?]

over here	**over there**	**outside**
wɔ ha	wɔ hɔ	abɔnten
[wo ha]	[wo ho]	[a-bon-tin]

by a window	**in a non-smoking area**
ntokua ano	bea a wɔnnom wusie wɔ ha
[n-to-kua a-no]	[bia a won-nom wi-sie]

How long is the wait?
Yɛbɛ twɛn akyɛ?
[Ye-be-chwen akye?]

ORDERING AT A RESTAURANT

It's for here.	**It's to go.**
Ɛha dea.	Ɛbɛ kɔ.
[E-ha dea.]	[E-be ko.]

Waiter!	**Waitress!**
Barima aduanetɔnfoɔ!	Ɔbaa aduanetɔnfo!
[Be-ri-ma a-dua-ne-ton-fo!]	[O-baa a-dua-ne-ton-fo!]

Excuse me!
Mesrɛ wo!
[Mi-sre wo!]

I'd like to order.
Mepɛ sɛ me kra.
[Mi-pe se mi kra.]

Can I have … please?
So metumi anya … mesrɛ wo?
[So me-tu-mi a-nya … mi-sre wo?]

 a menu
 nnuane a moyɛ krataa
 [n-dua-ne-a mo-ye kra-taa]

 a wine list
 nsa a mowɔ ho krataa
 [n-sa a mo-wo kra-taa]

 a drink menu
 anonneɛ a mo wɔ ho krataa
 [a-non-nie a mo-wo ho kra-taa]

 a children's menu
 mmofra nnuane ho krataa
 [mo-fra a-dua-ne ho kra-taa]

Do you have a menu in English?
So wo wɔ nnuane krataa wɔ brɔfo mu?
[So wu wo a-dua-ne kra-taa wo bro-fo mu?]

Do you have a set/fixed price menu?
Wowɔ aduane a nebo ka ho?
[Wo-wo a-dua-ne-a ne-bo ka ho?]

What are the specials?
Aduane bɛn na ɛyɛ soronko paa?
[A-dua-ne ben na e-ye so-ron-ko pa-a?]

Can you recommend some local dishes?
So wobetumi akanfo me oman yi mu aduane bi?
[So wu-be-tu-me a-kan-fo mi o-man yi mu a-dua-ne bi?]

What do you recommend?
Deɛn na wobɛkanfo ama me sɛ menni?
[Dien na wo-be-kan-fo a-ma me se mi-ndi?]

Do you have …?
So wo wɔ …?
[So wo wo …?]

I'll have …
Mepɛ …
[Me-pe …]

Can I have …?
Metumi anya …?
[Me-tu-mi a-nya …?]

> **a glass of …**
> … kapu baako
> [… ka-pu baa-ku]

> **a bottle of …**
> … toa baako
> [… toa baa-ko]

> **a pitcher of …**
> … kuruwaa baako
> [… ku-ru-waa baa-ko]

What's this?
Deɛn ni?
[Dien ni?]

What's in this?
Dɛn na ɛwɔ yei mu?
[Den-na e-wo mu?]

Is it …?
Ɛyɛ … (anaa)?
[E-ye … (a-naa)?]

spicy	bitter	sweet	hot	cold
ɛyɛ ya	ɛyɛ nwono	ɛyɛ dɛ	hye	ɛdwo
[e-ye ya]	[e-ye nwono]	[e-ye de]	[she]	[e-jwo]

Do you have any vegetarian dishes?
So wowɔ kyinamfo aduane?
[So wo-wo chi-nam-fo a-dua-ne?]

I'd like it with …   **I'd like it without …**
Mɛpɛ bi ne …   Mɛpɛ bi a … nka ho.
[Me-pe ne …]   [Me-pe a … n-ka ho.]

Are there any drink specials?
So nsa sononko a wopɛ paa wɔ ha?
[So n-sa a wo-pe paa wo ha?]

Can I see the drink menu/wine list?
So metumi ahu nsa a mo tɔn krataa no?
[So me-tu-me a-hu n-sa mo ton-no?]

I'd like a bottle of …
Mɛpɛ … toa baako.
[Me-pe … toa baa-ko.]

   red wine nsa kɔkɔɔ [n-sa ko-koo]
   white wine nsa fitaa [n-sa fi-taa]
   rosé wine nsa kɔkɔɔ [n-sa ko-koo]
   the house wine fie nsa [fie n-sa]
   dessert wine mpanomu nsa [m-pa-no-mu nsa]
   dry wine nsa a awo [n-sa a a-wo]
   champagne bobe nsa [bo-be n-sa]

A light beer, please.
Mesrɛ wo, ma me mmoro nsa.
[Mi-sre- wo, ma-mi m-mro n-sa]

A dark beer, please.
Mesrɛ wo, ma me mmoro nsa.
[Mi-sre- wo, ma-mi m-mro n-sa.]

SPECIAL DIETARY NEEDS

Is this dish free of animal product?
So nam nni aduane yi mu?
[So nam n-ni a-dua-ni yi mu?]

I'm allergic to ...   **I can't eat ...**
Matua ...   Mentumi nni ...
[Me-tua ...]   [Me-n-tu-mi n-ni ...]

  dairy nantwi nufusu [nan-chwi nu-fu-su]
  egg nkosua [n-ko-sua]
  gelatin nam ho nsuo [nam ho n-su]
  gluten mori moa [mo-ri mo-a]
  meat mogya nam [mo-ja nam]
  MSG nhwamade [n-shwa-ma-de]
  nuts adwe [a-jwe]
  peanuts nkate [n-ka-te]
  seafood ɛpo mu aduane [e-po-mu a-dua-ne]
  spicy foods aduane a ɛyɛ ya [a-dua-ne a e-ye ya]
  wheat wheat [whiit]

I'm diabetic.
Mewɔ asikyire yareɛ.
[Me-wo a-si-chi-re ya-re.]

Do you have any sugar-free products?
Wowɔ aduane a asikyire nnim?
[Wo-wo a-dua-ne a a-si-chi-re n-nim?]

Do you have any artificial sweeteners?
Mowɔ dɛɛdɛdeɛ yɛde fra?
[Mo-wo dee-de-de a ye-ye fra?]

I'm vegan/vegetarian.
Me kyi nam.
[Me chi nam.]

I'm on a special diet.
Medi aduane soronko.
[Me-de a-dua-ne so-ron-ko.]

COMPLAINTS AT A RESTAURANT

This isn't what I ordered.
Ɛnyɛ yei na mehyɛɛ sɛ mepɛ.
[En-ye yei na mi-shyee-se me-pe.]

I ordered …
Mehyɛɛ …
[Me-shee …]

This is …
Yei yɛ …
[Yei ye …]

cold	undercooked	overcooked
diɛ adwo	ɛmmenɛɛ	aben abro so
[die a-jwo]	[em-mi-nii-ye]	[a-ben a-bro so]

spoiled	not fresh	not vegetarian
asɛɛ	ɛnyɛ foforɔ	me nkyi nam
[a-sei]	[en-ye fo-fo-ro]	[me n-chi nam]

too spicy	too tough
ayɛ ya abro so	ɛyɛ den
[a-ye ya abro so]	[e-ye den]

Can you take it back, please.
Mesrɛ wo, san fa kɔ.
[Me-sre wo, san fa-ko.]

I cannot eat this.
Mentumi nni yei.
[Mi-n-tu-me n-ni yei.]

We're leaving.
Yɛɛkɔ.
[Ye-e-ko.]

How much longer until we get our food?
Yɛbɛ twɛn akosi bere bɛn na yɛn nsa aka yɛn
    aduane no?
[Ye-be-chwen a-ko-se bre-ben-na yen n-sa a-ka yen
    a-dua-ne-no?]

We cannot wait any longer.
Yɛntumi ntwɛn bio.
[Yen-tu-me n-chwen bio.]

PAYING AT A RESTAURANT

Check, please!
Mesrɛ wo, bɔ so hwɛ!
[Me-sre wo, bo so shwe!]

We'd like to pay separately.
obiara betua ne deɛ nko.
[o-bia-ra be-tua ni die n-ko]

Can we have separate checks?
So yebetumi anya obi ara ne no ka?
[So ye-be-tu-me a-nya o-bia ne-ni ka?]

We're paying together.
Yɛretua abom.
[Ye-tua a-bom.]

Is service included?
So adwuma a woyɛɛ ka ho?
[So a-jwu-ma a wo-yae ka-ho?]

What is this charge for?
Ɛdeɛn boɔ nie?
[Edien boo nie?]

There is a mistake in this bill.
Mfomso wɔ ka yi ho.
[M-fom-so wo ka-yi ho.]

I didn't order that. I ordered …
Manka sɛ mepɛ ɛno. Mekaa sɛ mepɛ …
[Ma-n-ka se me-pe eno. Me-kaa se mi pe …]

Can I have a receipt, please?
Mesrɛ wo, so menya dwadie adanse krataa?
[Me-sre wo, so me n-ya dwa-die a-dan-se krataa?]

Can I have an itemized bill, please?
Mesrɛ wo, menya biara ne ho ka?
[Me-sre wo, me-nya bia-ra ne-ho ka?]

It was delicious!
Na ɛyɛ dɛ!
[Na e-ye de!]

FOOD & DRINK

COOKING AND SERVING METHODS

baked a yɛato [a ya-to]
boiled a yɛanoa [a-yanoa]
braised a yɛaka no hye [a yea-ka ni shi]
breaded a yɛahow [a ya-how]
creamed a yɛakrimu [a ya-kri-mu]
diced a yadaese [a ya-dai-si]
filleted a apataa kasɛɛ nim [a a-pa-taa ka-sei nim]
grilled a yɛaho [a ya-ho]
microwaved a yɛaka no hye [a yaka-ne-she]
mixed a yɛafra [a ya-fra]
poached a yɛanoa [a ya-noa]
re-heated a yɛasan aka no hye [a ya-san aka-ne-she]
roasted a yɛatoto [a ya-to-to]
sautéed a yɛakyew [a ya-chi]
smoked a yɛatoto [a ya-to-to]
steamed a yɛnoa ho [a yano-a-ho]
stewed a yɛakye [a ya-chi]
stir-fried a yɛakye [a yach-i]
stuffed a yɛashɛ [a ya-she]
toasted a yɛaatoto [a ya-to-to]

rare a yɛanoa no ketewaa bi [a ya-no-a no ki-ti-wa bi]
medium rare noa no ketewaa bi [no-a-no ki-ti-wa bi]
well-done ayekoo [a-ye-koo]

on the side nkyɛn [n-chen]

FOOD & DRINK

TASTES

bitter ɛyɛ nwono [e-ye n-nwo-no]
bland ɛnyɛ dɛ [en-ye de]
salty nkyene atwa mu [n-chi-ni a-chua mu]
sour ɛyɛ nhwon [e-ye n-hwon]
spicy ɛyɛ ya [e-ye ya]
sweet ɛyɛ dɛ [e-ye de]

DIETARY TERMS

decaffeinated kafe nnim [ka-fe n-nim]
free-range enni kabea [e-nni ka-bea]
genetically modified ɛwɔ mogya mu [ew-o mo-ja mu]
gluten-free mori moa nnim [mo-ri mo-a n-nim]
kosher judafoɔ aduane [ju-da-four a-dua-ne]
low-fat srade nnim kɛse [sra-de n-nim kesi]
low in cholesterol anwa nnim kɛse [nwa n-nim kesi]
low in sugar asikyire sua wom [a-se-chi-re sua wom]
organic abodeɛ kwanso [a-bo-dee kwan-so]
salt-free nkyene nnim [n-chi-ni n-nim]
vegan obi a okyi nam [ob-i-a o-kyi nam]
vegetarian obi a okyi nam [o-bi-a o-chi nam]

BREAKFAST FOODS

bacon prɛko nam [pre-ko nam]
bread paanoo [paa-noo]
butter srade a yɛde di paanoo [sra-de-a ye-de di paa-noo]
cereal ayoyo [a-yo-yo]
cheese srade a yɛnya firi nofo nsuom [sra-de-a yen-ya
    fi-ri n-ofo n-suom]
eggs nkosua [n-ko-sua]

granola ayuo [a-yuo]

honey ɛwoɔ [e-wour]

jam/jelly anodɛ a yɛnya no nnuaba mu [a-no-de a ye-nya no n-nua-ba mu]

omelet kosua a yɛakye [ko-sua-a ya-kye]

sausage bɔsoa [bo-soa]

yogurt nufosuo a ɛkeka [nu-fo-suo-a ek-eka]

VEGETABLES

asparagus nua abena [nu-a a-be-na]

avocado paya [pa-ya]

beans adua [ed-ua]

broccoli krokoli [bro-ko-li]

cabbage kabegye [ka-ba-ji]

carrot karɛt [ka-rot]

cauliflower kɔliflawa [ko-li-fla-wa]

celery celery [se-li-ri]

chickpeas chickpeas [chik-piis]

corn aburo [a-bu-ro]

cucumber ɛferɛ [e-fe-re]

eggplant nyaadowa [n-yaa-do-wa]

garlic garlic [ga-lik]

lentils lentils [len-tils]

lettuce nwuranwuara [n-wu-ra n-wu-ra]

mushroom mmire [m-mi-re]

okra nkruma [n-kru-ma]

olives ngodua [ngwo-dua]

onion gyeene [jeey-ney]

peas nkateɛ [n-ka-tie]

pepper mako [me-ko]

potato potɛtɛ [po-te-te]

radish radish [ra-dish]
spinach spinach [spi-nak]
sweet potato santom [san-tom]
tomato ntoosi [n-too-si]

FRUITS AND NUTS

apricot alasma [a-la-sima]
apple aplε [a-ple]
banana kwadu [kwa-du]
blueberry blueberry [blu-be-ri]
cashew atea [a-tia]
cherry cherry [she-li]
clementine clementine [kle-men-tin]
coconut kube [ku-be]
date mmaa kube [m-maa ku-be]
fig abrɔdomaa [a-bro-do-maa]
grape bobe [bo-be]
grapefruit bobe aduaba [bo-be a-du-aba]
lemon dwareansra [jwa-re an-sra]
lime ankaatwadeε [a-nka-at-wa-die]
mandarin mandarine [man-da-rin]
melon εferε [e-fe-re]
orange ankaa [an-kaa]
peanut nkateε [n-ka-tie]
peach peach [piich]
pear paya [pa-ya]
pineapple abrɔbε [a-bro-be]
plum plum [plum]
pomegranate pomegranate [po-ma-gra-na-te]
raspberry respberry [ras-be-ri]
strawberry strawberry [stro-be-ri]
tangerine tangalii [tan-ga-lii]

walnut walnut [wol-not]
watermelon anamuna [a-na-mu-na]

MEATS

beef nantwi nam [nan-chwi nam]
burger paano a nam hyɛ mu [paa-no-a nam she mu]
chicken akokɔnam [a-ko-ko-nam]
duck dabodabo nam [da-bo-da-bo nam]
goat apɔnkye nam [a-pon-chi nam]
ham prɛko nam [pre-ko nam]
lamb adwammaa [e-jwa-maa]
pork prɛkonam [pre-ko-nam]
rabbit adanko [a-dan-ko]
steak nantwi nam [nan-chwi nam]
turkey krokro [kro-kro]
veal nantwi nam [nan-twi nam]

SEAFOOD

calamari calamari [ka-la-ma-ri]
crab ɔkɔtɔ [o-ko-to]
fish apataa [a-pa-taa]
lobster mɔnkɔ [mon-ko]
octopus posena [po-si-na]
salmon pokupoku [po-ku po-ku]
shrimp sɛsɛ [se-se]

DESSERTS

cake kaki [ka-ki]
cookie cookie [ku-ki-]
ice cream nkelewa [n-key-ley-wa]

DRINKS

Non-alcoholic drinks

apple juice anosuo aplε [a-no-nsuo a-ple]
coffee (black) kɔfe [ko-fe]
coffee with milk kɔfe ne nufusuo [ko-fe ne nu-fu-suo]
hot chocolate chocolate [cho-ko-ley-ti]
lemonade dwareansra mu nsuo [jwa-re-an-sra mu nsuo]
milk nufusuo [nu-fu-suo]
mineral water nsuo [n-suo]
sparkling water nsuo korɔgye [n-suo ko-ro-jiin]
orange juice anosuo ankaa [a-no-nsuo an-kaa]
soda / soft drink soda [so-da]
soy milk soyamilk [so-ya-mi-li-chi]
tea nsufi [n-su-fi]

Alcoholic drinks

... beer ... beer [... bia]
   bottled a yεde agu toa mu [a ye-de agu toa mu]
   canned yεde agu kyεnsee mu [yedi agu chen-sii mu]
   draft ankwrε mu nsa [an-ko-re mu n-sa]
brandy brandy [bran-di]
champagne champagne [sham-peyn]
cocktail nsa ɔde afrafra [n-sa-ode a-fra-fra]
gin gin [jin]
liqueur nsa den [n-sa den]
margarita nsa den a ɔde dɔkɔdɔkɔ afra [n-sa den-a ode do-ko-do-ko a-fra]
martini martini [maatini]
rum rum [ram]
scotch scotch [skoch]

tequila tequila [te-ki-la]
vermouth vermouth [ve-mof]
vodka vodka [vod-ka]
whisky whisky [wis-ki]
wine nsa [n-sa]
    dessert wine nsa a yɛdidi wie a yɛnom [n-sa-a ye-di-di wie-a ye-nom]
    dry wine nsa woɔ [n-sa wo]
    red wine nsa kɔkɔɔ [n-sa ko-koo]
    rosé wine nsa kɔkɔɔ [n-sa ko-koo]
    white wine nsa fitaa [n-sa fi-taa]

GROCERY SHOPPING

Where is the nearest market/supermarket?
Dwa bɛn na ɛbɛn ha paa?
[Dwa ben-na e-ben ha paa?]

Where are the baskets/carts?
Akɛntɛn/apa no wɔ he?
[A-ken-ten/a-pa-no wo hi?]

I'd like some of this/that.
Mepɛ yei bi.
[Mi-pe yei-be.]

Can I have ...?
Metumi anya ...?
[Me-tu-me a-nya ...?]

a (half) kilo of ...	a liter of ...	a piece of...
... ɛfa	... akɔtoa	... kakra
[... e-fa]	[... a-ko-toa]	[... ka-kra]

You Might See

… na ɔtɔn
[… na o-ton]
Sell by …

Fa hyɛ frigi mu.
[Fa hye fri-ji mu.]
Keep refrigerated.

Sɛ wo bue so a di no nna … ntam.
[Se wo bu-e-so-a de-no-na … ntam.]
Eat within … days of opening.

Ka no shye ansa na w'adi.
[Ka-no shy-e an-sa-na wa-de.]
Reheat before consuming.

judafoɔ aduane
[ju-da-four a-du-a-ne]
kosher

abodeɛ kwanso
[a-bo-dee kwan-so]
organic

Ɛyɛ ma won a wokyi nam
[E-ye-ma won-a wo-chi nam]
Suitable for vegetarians

wotumi ka no hye
[wo-tu-me ka-no hye]
microwaveable

A little more/less.
Fa kakra/bebree ka ho.
[Fa ka-kra/be-bi-re ka ho.]

Where can I find ...?
Ɛhefa na metumi anya ...?
[Ehi-fa na me-tu-me a-nya ...?]

   cleaning products samina [se-mi-na]
   dairy products nantwie mu aduane [nan-chwi mu aduane]
   the deli section ɔfa a ɛyɛ dɛ [o-fa a e-ye de]
   fresh produce aduane momono [a-dua-ne mo-mo-no]
   fresh fish apataa momono [a-pa-taa mo-mo-no]
   frozen foods frigi mu aduane [fri-ji mu a-dua-ne]
   household goods fie nneɛma [fie nie-ma]
   meats mogyanam [mo-ja-nam]
   poultry akokɔ nam [a-ko-ko nam]

I need to go to the ...
Mepɛ sɛ mekɔ ...
[Mi-pe se mi-ko ...]

   bakery bea a yɛto paanoo [bai-a ye-to paa-noo]
   butcher shop nankwase [nan-kwa-si]
   convenience store bodwoa apata [bo-jwoa a-pa-ta]
   fish market nsuo mu nam dwaso [n-sum nam dwa-so]
   produce market dwaso [d-wa-so]
   supermarket dwa kɛse [d-wa ke-se]

Can I have a little of ..., please?
Mesrɛ wo, so metumi anya ... kakra?
[Me-sre wo, so me-tu-mi a-nya ... ka-kra?]

Can I have a lot of ..., please?
Mesrɛ wo, so metumi anya ... dodoɔ?
[Me-sre wo, so me-tu-mi a-nya ... do-doo?]

That's enough, thanks.
Eye, medaase.
[E-ye, me-daa-se.]

gram(s) gramo [gra-mo]
kilo(s) kilo [ki-lo]

a piece of ... ... kakra [... ka-kra]
two pieces of ... ... mmienu [... m-mi-e-nu]

a bottle toa baako [toa baa-ko]
a box adaka baako [a-da-ka baa-ko]
a jar ahina [a-hi-na]
a packet adaka baako [a-da-ka baa-ko]

Paying for Groceries

Where is the checkout?
Ehefa na wotua sika no?
[Ehi-fa-na wo-tua si-ka-no?]

Do I pay here?
So mentua wɔ ha?
[So mi-n-tua wo ha?]

Do you accept credit cards?
So mogye sika kad?
[So mo-ji si-ka kad?]

I'll pay in cash.
Mede sika betua.
[Mi-di si-ka be-tua]

I'll pay by credit card.
Mede besea kad betua.
[Mi-di bi-sia kad be-tua.]

Paper/Plastic, please.
Mesrɛ wo, ma me krataa/wroba.
[Mi-sre wo, ma mi kra-taa/wro-ba.]

I don't need a bag.
Mennhia kotoku.
[Mi n-hia ko-to-ku.]

I have my own bag.
Me wɔ me ankasa me kotoku.
[Mi wo mi an-ka-sa mi ko-to-ku.]

MONEY & BANKING

CURRENCY AND CONVERSION

Where can I exchange money?
Ɛhe na metumi asesa sika?
[E-he na me-tu-mi a-se-sa si-ka?]

Is there a currency exchange office nearby?
Baabi a yɛ sesa sika bɛn ha?
[Ba-bi-a ye si-sa si-ka ben ha?]

I'd like to exchange ... for/into ...
Mepɛ sɛ me sesa ... gye/de kɔ mu ...
[Me-pe se mi se-sa ... ji/di ko mu ...]

U.S. dollars	**Euros**
Amerika dola sika	ero sika
[A-me-ri-ka do-la si-ka]	[e-ro si-ka]

pounds
Nglesu abrokyire hemaa pɔɔno
[n-gley-si a-bro-chi-re hi-maa poono]

Canadian dollars
Kanada dola sika
[Ka-na-da do-la si-ka]

traveler's checks
akwantufo sika krataa
[a-kwan-tu-fo si-ka kra-taa]

What is the exchange rate?
Sika sesa dua no gyina sɛn?
[Si-ka se-sa dua no-jina sen?]

What is the commission charge?
Ɔpaani mfasoɔ no yɛ sɛn?
[O-paani m-fa-soo no ye sen?]

Can you write that down for me?
Wobɛtumi atwerɛ ato hɔ ama me?
[Wo-be-tu-mi at-were a-to ho ama-me?]

BANKING

Is there a bank near here?
Sika korabea bi bɛn ha?
[Si-ka ko-ra-bea-bi ben ha?]

Where's the bank?
Sika korabea wɔ he?
[si-ka ko-ra-bea wo-he?]

Where is the nearest ATM?
Sika fidie bi bɛn ha?
[Si-ka fi-die-bi ben ha?]

What time does the bank open/close?
Bere bɛn na sika korabea no bue/pɔn?
[Be-re ben-na si-ka ko-ra-bea-no bu-e/pon?]

Can I cash this check here?
Metumi de sika krataa yi ayi sika wɔ ha?
[Me-tu-me de si-ka kra-taa-yi a-yi si-ka wo ha?]

I would like to get a cash advance.
Mepɛ sɛ mɛnya sika ntoase.
[Me-pe-se men-ya si-ka n-to-ase.]

I would like to cash some traveler's checks.
Mepɛ sɛ mesesa akwantufo sika krataa.
[Me-pe-se me-se-sa a-kwan-tu-fo si-ka kra-taa.]

I've lost my traveler's checks.
M'ayera m'akwantufo sika krataa.
[Ma-yera ma-kwan-tu-fo si-ka kra-taa.]

The ATM ate my card.
Sika fidie no amene me kad.
[Si-ka fi-die-no a-me-ne me kad.]

> ## You Might See at an ATM
>
> **insert card**
> fa kad no hyɛ mu
> [fa kad-no she-mu]
>
> **PIN number**
> nɔma soronko
> [no-ma so-ron-ko]
>
> **enter**
> bɔ mma no
> [bo mma no]
>
> **clear**
> pepa
> [pe-pa]
>
> **cancel**
> twam
> [chwa-m]
>
> **checking**
> rehwɛ
> [ee-shwe]
>
> **savings**
> sika sie
> [si-ka si-e]
>
> **withdrawal**
> yi
> [yi]
>
> **deposit**
> ntoase
> [n-to-a-se]
>
> **receipt**
> dwadi adanse
> [jwa-di a-dan-se]

SHOPPING & SERVICES

SHOPPING

Where's the …?
… wɔ he?
[… wo-he?]

> **antiques store** tete agudiɛ apatam [te-te a-gu-die a-pa-tam]
>
> **bakery** bea a wɔto paanoo [bia a wo-to paa-noo]
>
> **bank** sika korabea [si-ka ko-ra-bea]
>
> **bookstore** bea a wɔton nwoma [bi-a a wo-ton n-wo-ma]
>
> **camera store** bea a wɔton afidie a etwa mfoni [bia a wo-ton afidie a etwa mfoni]
>
> **clothing store** bea a wɔton ntadeɛ [bia a wo-ton n-ta-die]
>
> **convenience store** bodwa bodwaa [bo-jua bo-jua]
>
> **delicatessen** adɔkɔdɔkɔdeɛ [ado-ko-do-ko-de]
>
> **department store** adwosuo sotɔɔ [ad-wo-suo so-too]
>
> **electronics store** bea a wɔton ɛnyinam mfidie [bia a wo-ton en-yin-am m-fi-die]
>
> **gift shop** bea a wɔtɔn nneɛma wɔde kyɛ [bia a wo-ton nee-ma wode kye]
>
> **health food store** bea a wotɔn apɔmuden nnuane [bia a wo-ton apo-m-den n-nua-ne]
>
> **jeweler** obi a ɔtɔn agudeɛ [ob-i a o-ton a-gu-de]
>
> **liquor store** bea a wɔton nsa [bia a wo-ton n-sa]
>
> **mall** abɛɛfo dwa kese [a-bee-fo jwa ke-se]
>
> **market** dwa [dwa]
>
> **music store** bea a wɔton nwom [bia a wo-ton n-wom]
>
> **pastry shop** bea a wɔtɔn esam nnuane [bia a wo-ton e-sam nnua-ne]
>
> **pharmacy** bea a wɔton nnuro [bia a wo-ton n-nu-ro]

shoe store bia a wɔtɔn mpaboa [bia a wo-ton m-pa-boa]

souvenir store bea a wɔtɔn nkaede [bia a wo-ton n-kae-de]

supermarket abɛɛfo dwa [a-bee-fo dwa]

toy store bea a wɔtɔn twoobi [bia a wo-ton twoo-bi]

Getting help at a store

Where's the …?
Ɛhe na … wɔ?
[Ehe-na … wo?]

cashier fotosamfoɔ [fo-to-sam-four]	**store map** dwa ahyɛnsokwan [dw-a shen-so-kwan]
escalator abansro fidie atwedeɛ [a-ban-sro fi-die achwe-die]	**elevator** abanso fidie afroshyɛn [a-ban-so fi-die afro-shen]
fitting room dan a wohyehyɛ mfidie wom [dan-a wo-shi-she m-fi-die wom]	

Can you help me?
Wobetumi aboa me?
[Wo-be-tu-mi a-boa-me?]

I'm just looking. Me hwehwɛ … kɛkɛ. [Mi shwi-shwe … ke-ke.]	**I'm looking for …** Me hwehwɛ … [Mi shwe-shwe …]
Where can I find …? Ɛhe na mehunu …? [Ehe-na me-hu-nu …?]	**I would like …** Mepɛ … [Mi-pe …]

Preferences

I want something ...
Me hia adeɛ bi ...
[Mi-hia adie-bi ...]

big	small	local	nice
kɛse	kumaa	ofie	fɛ
[ke-si]	[ku-maa]	[o-fie]	[fe]

cheap	expensive
adefode	abooden
[a-de-foo-dey]	[a-bour-din]

I can only pay ...
Metumi atua ...
[Mi-tu-mi a-tu-a ...]

Is it authentic?
Ɛyɛ papa?
[E-ye pa-pa?]

Can you show me that?
Wobɛtumi de ɛno akyerɛ me?
[Wo-be-tu-mi die no a-chre mi?]

Can I see it?
Metumi ahu?
[Me-tu-mi a-hu?]

Do you have any others?
Wowɔ afofrɔ wɔ hɔ?
[Wo wo afo-fro wo-ho?]

Do you have anything lighter?
Wo wɔ biribi a ɛmu yɛ ha?
[Wo wo bi-ri-bi-a e-mu ye-ha?]

Do you have anything darker?
Wo wɔ biribi a ɛyɛ tuntum kakra?
[Wo wo bi-ri-bi-a eye tun-tum ka-kra?]

Do you have this in …?
Wowɔ wei wɔ … mu?
[Wo-wo-wei wo … mu?]

  black tuntum [tun-tum]
  blue bluu [blu-u]
  brown ahaban dada [a-ha-ban da-da]
  gray dwene [dwe-ne]
  green ahaban mono [aha-ban-mo-no]
  orange akutu [a-ku-tu]
  pink kɔkɔɔ kakra [ko-ko ka-kra]
  purple beredum [be-re-dum]
  red kɔkɔɔ [ko-ko-o]
  white fitaa [fi-taa]
  yellow akokɔ sradeɛ [a-ko-ko-sra-de]

Can you ship this?
Wobɛtumi de amane nsuo so?
[Wo-be-tu-mi de a-ma-ne n-suo-so?]

Can you wrap this?
Wobɛtumi akyekyere yei?
[Wo-be-tu-mi a-chi-chi-ri yei?]

Haggling

That's too expensive.
Ne boɔ yɛ den dodo.
[Ne bour-ye den do-do.]

I'll give you …
Mɛma wo …
[Me-ma wo …]

Do you have anything cheaper?
Wo wɔ biribi a ne boɔ yɛ fo?
[Wo wo bi-ri-bi-a ne-bour ye-fo?]

I'll have to think about it.
Ɛwɔ sɛ me dwene ho.
[E-wo-se me j-wini-ho.]

Is that your best price?
Ɛboɔ a wobɛtumi nie?
[E-bour-a wo-be-tu-mi niey?]

Can you give me a discount?
Wobɛtumi ate ɛboɔ no so ama me?
[Wo-be-tu-mi a-te e-bour-no-so ama-me?]

Deciding

That's not quite what I want.
Ɛnyɛ yei na me pɛ.
[En-ye yei-na me-pe.]

I don't like it.
Mempɛ.
[Me-m-pe.]

I'll take it.
Me gye.
[Me-gye.]

Paying

Where can I pay?
Ɛhe a mɛtumi atua?
[Ehe-na me-tu-mi a-tua?]

How much?
Ne boɔ yɛ sɛn?
[Ne-bour ye-sen?]

Does the price include tax?
Ɛtɔ da ɛboɔ no so?
[E-too da-ebo-no so?]

I'll pay in cash.
Mede sika betua.
[Mi-di si-ka be-tua.]

I'll pay by credit card.
Mede sika kad bɛtua.
[Mi-di si-ka kad be-tua.]

Do you accept traveler's checks?
Mogye akwantufoɔ sika krataa?
[Mo-gye a-kwan-tu-fo si-ka kra-taa?]

I have ...
Mewɔ ...
[Me-wo ...]

   an ATM card sika fidie kad [si-ka fi-die-kad]
   a credit card sika kad [si-ka kad]
   a debit card besea kad [bisia kad]
   a gift card akyɛdeɛ kad [a-kye-die kad]

Can I have a receipt?
Metumi anya adwadie ho krataa?
[Me-tu-mi a-nya a-jwa-die ho kra-taa?]

Complaining

This is broken.	**It doesn't work.**
Yei abɔ.	Ɛnyɛ adwuma.
[Yei a-bo.]	[E-nye a-jwu-ma.]

I'd like ...
Mɛpɛ ...
[Me-pe ...]

to exchange this	**to return this**	**a refund**
sɛmɛsesa yei	me san fa kɔ	sɛ mɛgye me sika
[se me-se-sa yei]	[mi san fa-ko]	[se me-ji mi si-ka]

   to speak to the manager
   sɛ me ne adwuma panin no bɛ kasa
   [se mi ni e-ju-ma pen-in-no be-ka-sa]

Grocery Shopping. *See pages 177-181*
Pharmacy. *See pages 225-228*

SERVICES

bank sika korabea [si-ka ko-ra-bea]

barber obi a ɔsusua tirinwii [o-bi-a o-su-swa ti-ri-n-wii]

dry cleaner obi a ɔsi ntaadeɛ [o-bi-a o-si n-taa-de]

hair salon baabi a wɔyɛ tirinwii [bee-bi-a wo-ye ti-ri-n-wii]

laundromat abɛɛfo bea a wosi ntaadeɛ [a-bee-fo bia-a wo-si n-taa-de]

nail salon bea a wɔsiesie bɔwerɛ [bia-a wo-si-e-si bo-wi-re]

spa bea a wɔtwetwe nipadua [bia-a wo-chwi-chwi ni-pa-du-a]

travel agency adwumakuo a wɔhwɛ akwantusɛm so [e-ju-ma-kuo a wo-shwe a-kwan-tu-se-m so]

At the Hair Salon /Barber

I'd like a ...
Mɛpɛ ...
[Me-pe ...]

color	cut	perm	shave	trim
ahosuo	twa	twe	yi	tete
[a-ho-su-o]	[chwa]	[chwe]	[yi]	[ti-ti]

Cut about this much off.
Twa bɛyɛ sei twene.
[chwa be-ye sei-to chwe-ne.]

Can I have a shampoo?
Me nsa beka samina ahorow?
[Me n-sa be-ka sa-mi-na a-ho-row?]

Cut it shorter here.
Twa no tia wɔ ha.
[chwa no ti-a wo ha.]

Leave it longer here.
Gyaa no tenten wɔ ha.
[ja-a-no tin-tin wo ha.]

At the Spa

I'd like a …
Mɛpɛ …
[Me-pe …]

facial
anim
[e-ni-m]

manicure
nsa bɔwerɛ nsiesie
[n-sa bo-wi-re n-sie-sie]

massage
amiamia
[a-mia-mia]

pedicure
nan bowerɛ nsiesie
[na-n bo-we-re n-sie-n-sie]

wax
dumas
[du-mas]

aromatherapy
dua mu ngo a wɔde sa yare
[du-a mu n-go-a wo-de-sa ya-re]

acupuncture
ayaresa a wɔde mpaane wowɔ honam no
[a-ya-re-sa-a wo-de m-paa-ni wo-wo ho-nam-no]

sauna
aguare duro a wode sa yare
[a-gua-re du-ro-a wo-de-sa ya-re]

At the Laundromat

Is there ...?
... wɔ hɔ?
[... wo ho?]

full-service
dwumadie a edi mu
[jwu-ma-die a e-di mu]

self-service
wankasa wo dwumadie
[wan-ka-sa wo jwu-ma-die]

same-day service
da no ara jwumadie
[da-no aa j-wu-ma-die]

Do you have ...?
So wo wɔ ...?
[So wo wo ...?]

bleach	**change**	**detergent**
pɔre	nsesa	nnuro a yɛde pepa fi
[po-re]	[n-si-sa]	[n-nu-ro a ye-de pe-pa fi]

This machine is broken.
Afidie yi asɛɛ.
[A-fi-die yi a-sei.]

How does this work?
Ɛyɛ adwuma kwan bɛn so?
[E-ye a-jwu-ma kwan ben-so?]

When will my clothes be ready?
Bere bɛn na me ntaadeɛ no bɛyɛ krado?
[Be-re ben-na me n-taa-de-no be-ye kra-do?]

whites fitaa [fi-ta]
colors ahosuo [a-ho-suo]
delicates anode [a-no-de]

hand wash
nsa hohoro
[n-sa ho-ho-ro]

gentle cycle
wo horo ntaadeɛ bɔkɔɔ so
[wo ho-ro n-taa-de bo-koo-so]

permanent press
ntaadeɛ a enponpon
[n-taa-de-a en-pon-pon]

dry clean only
wo horo ntaadeɛ a womfa nsuo na ɛmom nnuro
[wo-ho-ro n-taa-de-a wo-m-fa n-suo na e-mom- n-nu-ro]

cold water nsuo nwunu [n-suo n-wu-nu]
warm water nsuo a ɛmu aboto [n-suo a e-mu ab-to]
hot water nsuo hyeɛ [n-suo shi-e]

Banking. *See page 183*
Post Office. *See page 195*

SOCIAL INTERACTION

Hello. Agoo. [A-goo.]
Hi! Yee! [Yee!]
Welcome! Akwaaba! [A-kwaa-ba!]

Sir Owura [O-wu-ra]
Madam Maame panin [maa-me pe-nin]

Mr. Owura [O-wu-ra]
Ms. Awuraa [A-wu-raa]
Mrs. Owura yere [O-wu-ra ye-re]

Dr. (*medical*) Oyaresafo [O-ya-re-safoo]
Dr. (*academic*) ɔbenfo [obinfo]

What's you name?
Wo din de sɛn?
[Wo din de sen?]

My name is …
Me din de …
[Me din de …]

Pleased to meet you.
ɛyɛ m'anigye sɛ mahyia wo.
[E-ye ma-nig-ye-se me-shia wo.]

What do you do?
Adwuma bɛn na wo yɛ?
[A-dwu-ma ben-na wo ye?]

I'm a student.
Meyɛ sukuuni.
[Me-ye su-kuu-ni.]

I work for …
Meyɛ adwuma ma …
[Me-ye a-jwu-ma ma …]

I'm retired.
Makɔ ahomegyeɛ mu.
[ma-ko a-ho-me-jie mu.]

How are you?
Wo ho te sɛn?
[Wo ho te sen?]

Fine, thanks.
Me ho yɛ, medaase.
[Me ho ye, me-daa-se.]

And you?
Na wo nso ɛ?
[Na won-so e?]

Good morning.
Maakye.
[Maa-kye.]

Good afternoon.
Maaha.
[Maa-ha.]

Good evening.
Maadwo.
[Maa-dwo.]

Good night.
Da yie.
[Da yie.]

See you ...
Mahu wo ...
[Ma-hu wo ...]

later	soon	tomorrow
akyire yi	ɛnkyɛ	ɔkyena
[a-kyi-re yi]	[en-che]	[o-che-na]

Please. Mesrɛ wo. [Me-sre-wo.]
Thank you. Medaase. [Me-daa-se.]
You're welcome. Me ma wo akwaaba. [Me ma wo a-kwaa-ba.]

I'm sorry. Kafra [Ka-fra.]
Excuse me. Ma me kwan. [Ma me kwan.]

Goodbye. Da yie. [Da yie.]

NATIONALITIES

Where are you from?
Wo firi he?
[Wo fi-ri he?]

Where were you born?
Yɛ woo wo hen?
[Ye woo wo hen?]

I'm from ...
Me firi ...
[Me fi-ri ...]

I was born in ...
Yɛ woo me wɔ ...
[Ye woo me wo ...]

Australia Ostraliaman mu [Os-tra-lia-man mu]
Canada Kanadaman mu [Ka-na-da-man mu]
Ireland Irelandman mu [Ire-land-man mu]
New Zealand New Zealandman mu [New Zealand-man mu]
the USA Amerikaman mr [ame-ri ka-man mu]
the UK Abrokyi ahenni nkabom man mu [A-bro-kyi a-hen-ni n-ka-bom-man mu]

I'm ...
Meyɛ ...
[Me-ye ...]

American Amerikani [A-me-ri-ka-ni]
Australian Oustraliani [O-stra-lia-ni]
Canadian Kanadani [Ka-na-da-ni]
English Ingirisini [In-gi-ri-si-ni]
Irish Irelandi [I-re-land-ni]
a New Zealander New Zealandi [New Zi-land-nii]
Scottish Skotlandi [Skot-land-ni]
Welsh Walesni [Wa-le-sni]

FAMILY

This is my ...
Yei ne me ...
[yei ne me ...]

husband	**wife**	**partner**
okunu	yere	hokani
[o-ku-nu]	[ye-re]	[ho-ka-ni]

mother	**father**
maame	papa
[maa-me]	[pa-pa]

older brother	**younger brother**
nua barima panin	nua barima kumaa
[nu-a bee-ma pa-nin]	[nu-a bee-ma ku-maa]

older sister	**younger sister**
nua baa panin	nua baa kumaa
[nu-a baa pan-in]	[nu-a baa ku-maa]

aunt	**uncle**	**cousin**
sewaa	wɔfa	wɔfa ba
[se-waa]	[wo-fa]	[wo-fa ba]

grandmother	**grandfather**
nana baa	nana barima
[na-na baa]	[na-na bee-ma]

mother-in-law	**father-in-law**
asew baa	asew barima
[a-sew baa]	[a-sew bee-ma]

brother-in-law	**sister-in-law**
akonta	akumaa
[a-kon-ta]	[a-ku-maa]

step-mother
agya yere
[a-gya ye-re]

step-father
ɛna kunu
[e-na ku-nu]

step-sister
ɛna kunu ba baa
[e-na ku-nu-ba baa]

step-brother
ɛna kunu ba barima
[e-na ku-nu-ba beema]

RELIGION

What religion are you?
ɛsom bɛn mu na wo wɔ?
[E-som ben mu na wo wo?]

    I am (a/an) …
    Me yɛ …
    [Me ye …]

    agnostic obi a ɔnnye ndi sɛ ahohom anaa tumi bi wɔ hɔ [o-bi-a o-n-ji n-di se a-hon-hom a-naa tu-mi bi wo ho]

    atheist obi a ɔnnye ndi sɛ Onyankopɔn wɔ hɔ [o-bi-a o-n-ji n-di se O-nyan-ko-pon wo ho]

    Buddhist obi a ɔgye Buda som di [o-bi-a oji Buda som di]

    Catholic Romanni [Romanni]

    Christian Kristoni [Kri-sto-ni]

    Hindu Hinduni [Hin-du-ni]

    Jewish Yudani [Yu-da-ni]

    Muslim Nkramoni [N-kra-mo-ni]

INTERESTS & LEISURE

Do you like ...?
Wopɛ ...?
[Wo-pe ...?]

   art adwini [e-jwi-nian-we-ne]
   cinema beae ɔyi mfoni [si-ni-shwe bia]
   music ndwom [n-dwom]
   sports agodie [a-go-die]
   theater bea a woyi kɔnsɛt [bia wo-yi kon-set]

Yes, very much.	**Not really.**	**A little.**
Aane, pa ara.	Ɛnyɛ saa.	Kakra.
[Aa-ni paa.]	[E-ny-e saa.]	[Ka-kra.]

I like ...	**I don't like ...**
Mepɛ ...	Mempɛ ...
[Mi-pe ...]	[Mi-m-pe ...]

ENTERTAINMENT

Can you recommend a good ...?
Wobɛtumi akamfo ...?
[Wo-be-tu-mi a-kam-fo ...?]

   book nwoma [n-wo-ma]
   CD apaawa [a-paa-wa]
   exhibit oyi-kyerɛ [o-yi--kye-re]
   museum adekorabea [a-de-ko-ra-bia]
   film sini [si-ni]
   play agorɔ [a-go-ro]

What's playing tonight?
Dɛn na yɛrebɔ anadwo yi?
[Den-na yee-bo a-na-jwo yi?]

I like ... (films).
Mepɛ ... (sine).
[Mi-pe ... (si-ni).]

   action ntokwa [ntokwa]
   art adwini [e-jwi-ni]
   comedy nsɛmkwaa [nsemkwaa]
   drama yikyerɛ [yi-chire]
   foreign amanɔne [a-ma-no-ne]
   horror ahusɛm [a-hu-sem]
   indie indiafoɔ sine [in-dia-four si-ni]
   musical ndwomtoɔ [n-dwo-mtour]
   mystery ahuntasɛm [e-hun-ta-sem]
   romance ɔdɔ ho asɛm [o-do ho a-sem]
   suspense merep1 ahu [mii-pe ahu]

What are the movie times?
Sini no mmerɛ ne sɛn?
[Si-ni-no m-me-re-ne sen?]

SPORTS

I like ...
Mepɛ ...
[Mi-pe ...]

   baseball basebɔɔl [base-bool]
   basketball basketbɔɔl [basket-bool]
   bicycling sakere [sa-ke-re]
   boxing akutrukubɔ [a-ku-tru-ku-bo]
   diving nsudware [n-su-jwa-re]

football (soccer) bɔɔlbɔ [bool-bo]
golf fam tokuro bɔɔl [fem to-ku-ro bool]
hiking bepɔ so nanteɛ [be-po-so nan-tie]
martial arts ntɔkwasua [n-to-kwa-sua]
skiing nsuo mu agoro [n-su-mu a-go-ro]
soccer bɔɔlbɔ [bool-bo]
surfing nsuo ani gorɔ [n-su a-ni go-ro]
swimming nsuo guare [n-su jwa-re]
tennis tennis [te-nis]
volleyball nsa bɔɔl [n-sa bool]

When is the game?
Mmerɛ bɛn na wɔbɛdi agorɔ no?
[M-me-re ben na wo-be-di a-go-ro no?]

Would you like to go to the game with me?
Wobɛpɛ sɛ wo ne me bɛkɔ agorɔ no ase?
[Wo-be-pe-se wo-ne me-ko a-go-ro-no a-se?]

What's the score?
Agorɔ no akɔsi sɛn?
[A-go-ro-no a-ko-si sen?]

Who's winning?
Hena na ɔredi nkunim?
[He-na-na oo-di n-ku-nim?]

Do you want to play?
Wopɛ sɛ wodi agorɔ no bi?
[Wo-pe-se wo di a-go-ro-no bi]

Can I join in?
Mɛtumi abɛka ho?
[Me-tu-mi a-be-ka ho?]

FRIENDS AND ROMANCE

What are your plans for …?
Wo nyehyɛyɛ ne sɛn ma …?
[Wo n-hye-hye-ye ne sen ma …?]

tonight	tomorrow	the weekend
anadwo yi	ɔkyena	nnawɔtwe yi awieɛ
[a-na-jwo-yi]	[o-chi-na]	[naa-wo-twe yi a-wie-ye]

Would you like to get a drink?
Wopɛ anone?
[Wo-pe a-no-ne?]

Where would you like to go?
Wopɛ sɛ wo kɔ he?
[Wo-pe-se wo ko he?]

Would you like to go dancing?
Wopɛ sɛ wokɔdi asa?
[Wo-pe se wo ko di a-sa?]

I'm busy.	No, thank you.
Nnɛɛma gu me so.	Daabi, medaase.
[N-nie-ma gu me so.]	[Daa-bi, me-daa-se.]

I'd like that.	That sounds great!
Mɛpɛ ɛno.	Saa na eye!
[Me-pe e-no.]	[Saa na e-ye!]

Go away!	Stop it!
Firi ha kɔ!	Gyae!
[Fi-ri ha ko!]	[Gyae!]

I'm here with my ...
Me ne me ... na ɛwo ha.
[Me ne me ... na ewo ha.]

boyfriend
danfo barima
[da-nfo bee-ma]

girlfriend
danfowaa
[da-nfo aa]

husband
kunu
[ku-nu]

wife
yere
[yi-ri]

I'm ...
Meyɛ ...
[Me-ye ...]

single
osigyani
[o-si-gya-ni]

married
ɔwarefoɔ
[o-wa-re-four]

seeing someone
rehu obi
[ri-hu o-bi]

separated
obi a yɛntam atete
[obi a yen-tem ati-ti]

divorced
obi a magyae awareɛ
[o-bi a ma-jai a-wa-rie]

Do you like men or women?
Wopɛ mmarima anaa sɛ mmaa
[Wo-pe me-ri-ma a-naa-se m-maa]

I'm ...
Meyɛ ...
[Mi-ye ...]

bisexual
obi a ɔne ɔbaa anaa barima da
[o-bi-a o-ne o-baa a-naa bee-ma da]

heterosexual
ɔbɛrima a ɔni ɔbaa da anaa ɔbea a ɔne ɔbarima da
[o-be-ri-ma-a o-ni o-baa da a-naa o-bea a o-ne o-be-ri-
ma da]

homosexual
bɛrima a ɔne bɛrima na ɛda
[be-ri-ma-a o-ne be-ri-ma na e-da]

Can I kiss you?
Metumi afe w'ano?
[Me-tu-mi a-fe wa-no?]

I like you.
Mepɛ wo.
[Mi-pe wo.]

I love you.
Medɔ wo.
[Me do wo.]

COMMUNICATIONS

MAIL

Where is the post office?
Pos ɔfese no wɔ he?
[Pos o-fi-si no wo he?]

Is there a mailbox nearby?
Lɛta adaka bi bɛn ha?
[Le-ta- adaka-bi ben-ha?]

Can I buy stamps?
Metumi atɔ ntimsoɔ?
[Me-tu-mi a-to n-tim-so?]

I would like to send a ...
Mepɛ sɛ me mane ...
[Me-pe-se me ma-ne ...]

letter	package/parcel	postcard
krataa	ɛboa adaka	amanekrataa
[kra-taa]	[e-boa a-da-ka]	[a-ma-ne kra-taa]

Please send this via ...
Mepa wo kyɛw fa mane fa ...
[Me-pa wo chew fa ma-ne-fa ...]

air mail	registered mail
wiemhyɛn amanede	amanede a wagye atom
[wie-m-sh-en a-ma-ne-de]	[a-ma-ne-de-a wa-ji a-tom]

regular mail	priority mail
daadaa amanedeɛ	amanede a ɛho paa
[daa-daa a-man-die]	[a-ma-ne-de-a e-ho hia paa]

It's going to ...
Ɛrekɔ ...
[Eeko ...]

the United States
Amerikaman mu
[a-me-ri-ka-man mu]

Canada
Kanadaman mu
[Ka-na-da-man mu]

the United Kingdom
Abrokyi ahenni nkabom man mu
[A-bro-chi a-hen-ni n-ka-bom-man mu]

How much does it cost?
Ne boɔ yɛ sɛn?
[ni-bour-ye sen?]

When will it arrive?
Ɛbɛdu bere bɛn?
[e-be-du bi-ri ben?]

It contains ...
... na ɛwom
[... na e-wom]

What is ...?
Deɛn ne ...?
[dien ne ...?]

your address
w'akyiri akwan
[wa-kyi-ri akwan]

the address for the hotel
ahɔhobea no akyirikwan
[a-ho-ho-bea-no a-kyi-ri-kwan]

the address I should have my mail sent to
akyirikwan a mepɛ sɛ m'amanede no fa so
[a-kyi-ri-kwan-a me-pe-se ma-man-ede-no fa so]

Can you write down the address for me?
Wobetumi atwere w'akyiriakwan ama me?
[Wo-be-tu-mi a-chwe-re wa-kyi-ri-akwan ama-me?]

Is there any mail for me?
Me nsa aka amanedeɛ bi?
[Me n-sa a-ka a-ma-n-die bi?]

customs hyeɛso togyefoɔ [shie-so to-je-four]
domestic fie [fie]
envelope ahyɛmde [a-she-m-de]
international amanaman [a-man-a-man]
postage amane [a-ma-ne]
postal code amane nɔma [a-ma-ne no-ma]
postal insurance amane nsiakyiban [a-ma-ne n-sia-chi-ban]
stamp ntimsoɔ [n-tim-sour]

TELEPHONES, FAXING AND MOBILE PHONES

Where is a pay phone?
Ɛhe na mɛnya kasa na tua ahomatrofo?
[E-he na me-nya ka-sa na tua a-ho-ma-tro-fo?]

Can I use your phone?
Metumi afɛm w'ahomatrofoɔ?
[Me-tu-mi a-fem wa-ho-ma-tro-four?]

I would like to …
Mɛpɛ sɛ me …
[Me-pe-se me …]

make an overseas phone call
mɛpɛ sɛ me frɛ amanɔne
[me fre a-ma-no-ni]

make a local call
frɛ ɔman yi mu
[fre o-man-yi mu]

send a fax
soma ahomatrofo krataa
[so-ma a-ho-ma-tro-fo kra-taa]

What number do I dial for …?
Noma bɛn na menfrɛ mma …?
[No-ma ben-na men-fre m-ma …?]

information
nkratoɔ
[n-kra-tour]

an operator
fidihwɛfoɔ
[fi-di-shwe-four]

an outside line
ahoma a efiri amanɔne
[a-ho-ma-a e-fi-ri a-ma-no-ni]

What is the phone number for the …?
Ahomatrofo nɔma ma ne sen …?
[A-ho-ma-tro-fo no-ma-ne sen …?]

hotel
ahɔhogyebea
[a-ho-ho-ji-bia]

restaurant
adidibea
[a-di-di-bia]

office
adwumam mu
[a-jwu-mam mu]

embassy
abn ananmusini asɔ̃ɛed
[aban a-nan-mu-si-ni a-so-ye-ye]

What is your …?
Ɛdeɛn ne wo …?
[E-dien-ne wo …?]

phone number
ahomatrofo nɔma
[a-ho-ma-tro-four no-ma]

home phone number
fie ahomatrofo nɔma
[fie a-ho-ma-tro-four no-ma]

work number
adwumam ahomatrofo nɔma
[a-dwu-mam a-ho-ma-tro-four no-ma]

mobile phone number
megyina abɔnten na merekasa yi nɔma
[me-ji-na a-bon-ten-na me-re-ka-sa-yi no-ma]

extension (number)
ahomatrofo ntoaso(noma)
[a-ho-ma-tro-fo n-to-aso (noma)]

fax number
ahomatrofo krataa nɔma
[a-ho-ma-tro-fo kra-taa no-ma]

Can you write down your number for me?
Wobɛtumi atwerɛ wo nɔma ama me?
[Wo-be-tu-mi a-chwi-re-wo no-ma ama-me?]

My number is ...
Me nɔma yɛ ...
[Me no-ma ye ...]

What is the country code for ...?
... ɔ man noma soronko ne dɛn?
[... o-man no-ma so-ro-nko-ne den?]

I would like to buy ...
Mepɛ sɛ me tɔ ...
[Me-pe-se me to ...]

a domestic phone card	**a SIM card**
fie ahomatrofoɔ kad	kad madwenba
[fie a-ho-ma-tro-four kad]	[kad ma-dwen-ba]

an international phone card
amanaman ahomatrofoɔ kad
[a-ma-na-man a-ho-ma-tro-four kad]

a disposable cell phone
megyina abɔnten na merekasa yi a wotumi to
twene
[me-ji-na a-bon-ten-na me-re-ka-sa yi-a wo-tu-mi to
chwe-ne]

a mobile phone recharge card
megyina abɔnten na merekasa yi mmere tɔ kad
[me-ji-na a-bon-ten-na me-re-ka-sa-yi m-me-re to kad]

a pre-paid cell phone
megyina abɔnten na merekasa yi ka a watua dada
[me-ji-na a-bon-ten-na me-re-ka-sa yi ka-a wa-tua da-da]

What is the cost per minute?
Sima baako boɔ ye sɛn?
[Se-ma baa-ko bo-ye sen?]

I need a phone with XX minutes.
Mehia megyina abɔnten na mere kasa yi a sima XX
wɔ so.
[Me-hia me-ji-na a-bon-ten-na me-re ka-sa-yi a si-ma XX
wo-so.]

How do I make calls?
Mɛyɛ dɛn afrɛ obi?
[Me-ye den a-fre o-bi?]

collect call
wofrɛ obi wɔ ahomatrofoɔ so na ɔno mmom tua kasa
no ho ka
[wo-fre o-bi-wo a-ho-ma-tro-fo so-na o-no m-mom tua ka-
sa-no ho ka]

toll-free
ɔfrɛ wɔ ahomatrofoɔ so a wontua hwee
[o-fre-wo a-ho-ma-tro-four so-a won-tua shwe-e]

phone book
ahomatrofo nɔma nwoma
[a-ho-ma-tro-fo no-ma n-wo-ma]

voicemail
kasa amane
[kasa amane]

On the Phone

Hello?
Agoo?
[A-goo?]

Hello. This is …
Agoo. Yei yɛ …
[A-goo. Wei ye …]

May I speak to …?
Mɛtumi ne … akasa?
[Me-tu-mi-ne … a-ka-sa?]

… isn't here; may I take a message?
… nni ha; mɛtumi agye nkra bi?
[… n-ni ha; me-tu-mi a-ji n-kra bi?]

I would like to leave a message for …
Mepɛ sɛ me gya nkra ma …
[Me-pe-se me ja n-kra ma …]

Sorry, wrong number.
Kafra, ɛnyɛ nɔma no nie.
[Ka-fra, e-nye no-ma-no nie.]

Please call back later.
Mesrɛ frɛ akyire yi.
[Me-sre fre a-chi-re yi.]

I'll call back later.
Mɛfrɛ akyire yi.
[Me-fre a-chi-re yi.]

Bye.
Da yie.
[Da yie.]

COMPUTERS AND THE INTERNET

Where is the nearest ...?
A ɛbɛn ha wɔ he ...?
[A e-ben ha wo he ...?]

Internet café
intanɛt dwumadie dan
[in-ta-net jwu-ma-di dan]

computer repair shop
abɛɛfo afidie badwemma siesie dan
[a-bee-fo a-fi-die ba-jwin-ma sie-sie dan]

Do you have ...?
Wo wɔ ...?
[Wo-wo ...?]

available computers
abɛɛfo afidie badwenma ɛwɔ ha
[a-bee-fo a-fi-die-ba-jwin-ma e-wo-ha]

wireless Internet
Intanɛt a ahoma nso mu
[In-ta-net-a a-ho-ma n-so-mu]

a printer
afidie a ɛtintim nkrataa
[a-fi-die-a e-tinitim n-kra-taa]

a scanner
afidie a wɔde twe mfoni gu abɛɛfo afidie so
[a-fi-die-a wo-de chwi m-fo-ni gu a-bee-fo a-fi-die-so]

What is the password?
Deɛn ne kokoam noma no?
[Dien-ne ko-ko-am no-ma no?]

How do you …?
Wo si dɛn …?
[Wo-si den …?]

turn on this computer
sɔ abɛɛfo afidie badwwenma yi
[so a-bee-fo a-fi-die ba-jwin-ma yi]

log in
bɔ wura mu
[bo wu-ra mu]

connect to the wi-fi
toa intanɛt kɔ wiɔfi so
[toa intanet ko wi-fi so]

type in English
tintim wɔ brɔfokasa mu
[tin-tim-wo bro-fo-ka-sa-mu]

How much does it cost for …?
Ne boɔ yɛ sɛn …?
[Ne bo-o ye sen …?]

15 minutes
sima dunum
[si-ma du-num]

30 minutes
sima aduasa
[si-ma a-dua-sa]

one hour
dɔn hwere baako
[don shwi-ri baa-ko]

My computer …
Me abɛɛfo afidie badwenma …
[Me a-bee-fo a-fi-die ba-jwen-ma …]

doesn't work
ɛnyɛ adwuma
[e-nye a-jwu-ma]

is frozen
ayɛ sukɔkyea
[a-ye su-ko-chi-a]

won't turn on
ɛnsɔ
[en-so]

crashed
apae
[a-pai]

doesn't have an Internet connection
ɛntoa nkɔɔ ntanɛt so
[en-toa nkoo in-ta-net-so]

Windows
abɛɛfo afidie nwenade Windo
[a-bee-fo a-fi-die an-we-na-de Win-do]

Macintosh
abɛɛfo afidie anwenade Makinto
[a-bee-fo a-fi-die an-we-na-de Ma-kin-to]

Linux
abɛɛfo afidie anwenade Lanɔs
[a-bee-fo a-fi-die an-we-na-de La-nos]

CD apaawa [a-paa-wa]
computer abɛɛfo afidie [a-bee-fo a-fi-die]
DVD apaawa [a-paa-wa]
e-mail amanede [a-ma-ne-de]
ethernet cable ahimam ahoma [a-hi-nam a-ho-ma]
laptop srɛso abɛɛfo afidie [sre-so a-bee-fo a-fi-diey]
USB port abɛɛfo afidie tokro [a-bee-fo a-fi-die to-kro]

BUSINESS

PROFESSIONS AND SPECIALIZATIONS

What do you do?
Deɛn adwuma na wo yɛ?
[Dien- aju-ma na-wo ye?]

I'm a/an …
Me yɛ …
[Mi-ye …]

    accountant nkotaabufoɔ [n-ko-taa-bu-four]

    administrative assistant adwumam panin boafoɔ
    [a-jwu-mam pa-nin bo-a-four]

    aid worker obi a ɔhwɛ nipa yiedie [ob-i-a o-shwe
    ni-pa yi-ey-diey]

    architect obi a ɔhyehyɛ dan wɔ krataa so [o-bi-a
    o-shi-she dan wo krataa so]

    artist ɔnwenefoɔ [o-nwi-ni-four]

    assistant boafoɔ [bo-a-four]

    banker sikakarafoɔ [si-ka-koʳra-afour]

    businessperson dwadini [jwa-di-ni]

    carpenter dua dwumfoɔ [dua jum-four]

    CEO adwuma panin [a-jwu-ma pa-nin]

    clerk odwumayɛni [o-jwu-ma-ye-ni]

    consultant kwankýerɛfoɔ [kwan-kye-re-four]

    construction worker ɔdansifoɔ [o-dan-si-four]

    contractor kɔntragyeni [kon-tra-ji-ni]

    coordinator anoboaboafoɔ [a-no-bo-a-bo-afour]

    dentist ɔyaresafoɔ a ɔhwɛ ɛse [o-ya-re-sa-four a
    o-shwe e-si]

    director kwankyerɛfoɔ [kwan-che-re-four]

    doctor ɔyaresafoɔ [o-ya-re-sa-four]

editor samufoɔ [sa-mu-four]
electrician latrihyen [la-tri-shin]
engineer ingyenia [in-ji-nia]
intern osuani dwumayɛni [o-sua-ni jwu-ma-ye-ni]
journalist nsɛmtwerɛni [n-sem-chwe-re-ni]
lawyer mmranimfoɔ [m-mra-nim-four]
librarian akenkanbea so hwɛfoɔ [a-kin-kan bia so shwe-four]
manager ɔhwɛfoɔ [o-shwe-four]
nurse nɛɛseni [nee-si-ni]
politician amanyɔni [a-man-yo-ni]
secretary twerɛtwerɛfoɔ [chwe-re-chwe-re-four]
student osuani [o-sua-ni]
supervisor hwɛsofoɔ [hwe-so-four]
teacher ɔkyerɛkyerɛni [o-che-re-kye-re-ni]
writer ɔtwerɛfoɔ [o-chwe-re-four]

I work in …
Meyɛ adwuma wɔ …
[Mi-ye a-jwu-ma-wo …]

academia adesuabea [adi-sua bia]
accounting nkontabuo [n-kon-ta-buo]
advertising dawurubɔ [da-wu-ru-bo]
the arts adwini [a-jwi-ni]
banking sikakora [si-ka ko-ra]
business dwadie [jwa-die]
education adesua [a-de-sua]
engineering ingyinia [in-ji-nia]
finance sikasɛm ntotoeɛ [si-ka-sem nto-to-ye]
government amanmuo [a-man-muo]
journalism nsɛmtwerɛ dwuma [n-sem-chwe-re jwu-ma]
law mmra [m-mra]

manufacturing nsanodwuma [nsa-no-jwu-ma]
marketing adetɔn [adi-ton]
the medical field ayaresa adwuma no [a-ya-re-sa a-jwu-ma no]
politics amanyɔsɛm [a-man-yo-sem]
public relations nkutahodie [n-ku-ta-ho-die]
publishing dawurubɔ [da-wu-ru-bo]
a restaurant adidibea [e-di-di-bia]
a store sotɔɔ [so-too]
social services nipa yiedie dwuma [ni-pa yie-die jwu-ma]
the travel industry akwantuo dwuma [a-kwan-tuo dwu-ma]

BUSINESS COMMUNICATION AND INTERACTION

I have a meeting/appointment with ...
Me ne ... wɔ nhyiamu.
[Me-ne ... wo n-shia-mu.]

Where's the ...?
Ɛhe na ... wɔ?
[Ehe na ... wo?]

business center	convention hall	meeting room
dwadibea	nhyiam asa	nhyiam dan
[jwa-di-bia]	[n-hyi-am a-saso]	[n-shi-am dan]

Can I have your business card?
Metumi anya wo akyiriakwan kad?
[Me-tu-mi a-ny-a wo e-chi-ri-a-kwan kad?]

Here's my name card.
Me din kad no ne.
[Me-din kad-no ne.]

I'm here for a ...
Me wɔ ha ma ...
[Me-wo ha ma...]

conference	meeting	seminar
nhyiam kɛse no	nhyiam	adesua nhyiam
[n-shi-am ke-se no]	[n-shi-am]	[a-de-sua n-hyi-am]

My name is ...
Me din de ...
[Me-din di ...]

I work for ...
Meyɛ adwuma ma ...
[Mi-ye a-jwu-ma-ma ...]

May I introduce my colleague ...
Ma me nna me yɔnko ... adi.
[Ma-me n-na me yo-nko ... a-di.]

Pleased to meet you.
Ɛyɛ me anigye sɛ mahyia wo.
[Eye me ani-je se ma-shia wo.]

I'm sorry I'm late.
Mesrɛ sɛ maka akyi.
[Me-sre-se ma-ka a-chi.]

You can reach me at ...
Wo nsa betumi aka me wɔ ...
[Wo n-sa be-tu-mi a-ka-me wo ...]

I'm here until ...
Me wɔ ha kɔpim ...
[Me-wo ha ko-pim ...]

It was a pleasure meeting you.
Ɛyɛ me anigye paa sɛ mahyia.
[E-ye mi a-ni-gye paa-se ma-shi-a.]

I look forward to meeting with you again.
Mirihwɛ kwan sɛ mehyia wo.
[Mii-shwe kwan-se me-shi-a wo.]

I need to ...
Mehia sɛ ...
[Me hi-a se ...]

make a photocopy
mɛtwa krataa mfoni
[me-chwa kra-taa m-fo-ni]

make a telephone call
mɛfrɛ obi ahomatrofoɔ so
[me-fre obi wo a-ho-ma-tro-four so]

send a fax
mɛsoma ahomatrofo krataa
[me-so-ma a-ho-ma-tro-fo kra-taa]

send a package (overnight)
soma ɛboa adaka (da koro ntam)
[so-ma e-boa a-da-ka (fa kro n-tam)]

use the Internet
fa intanɛt yɛ adwuma
[fa in-ta-net ye e-jwu-ma]

You Might Hear

Wo wɔ nhyiam?
[Wowo n-shi-am?]
Do you have an appointment?

Wo ne hwan?
[Wo-ni hwan?]
With whom?

Mepa wo kyɛw, sima baako.
[Me-pa wo kyew, si-ma baa-ko.]
One moment, please.

Mepa wo kyɛw, tena ase.
[Me-pa wo chiw, ti-na a-se.]
Please have a seat.

Ɔ ...
[o ...]
He/She ...

wɔ nhyiamu
[wo n-hyi-amu]
is in a meeting

pieɛ ara ni
[pie-ye a-ra-ni]
just stepped out

wo adwuma akwantuo mu
[wo a-dwu-ma a-kwan-tuo mu]
is on a business trip

kɔ akwanma
[ko a-kwan-ma]
is away on vacation

mɛ ba wo nkyɛn seisei ara
[me-ba-wo n-chen se-sia-a]
will be right with you

ɛnkyɛ mɛhu wo
[en-che me hu-wo]
will see you now

BUSINESS VOCABULARY

advertisement dawurubɔ [da-wu-ru-bo]
advertising dawurubɔ [da-wu-ru-bo]
bonus atosodeɛ [a-to-so-die]
boss ɔpanin [o-pa-nin]
briefcase adaka [a-da-ka]
business dwadie [dwa-die]
business card akyiriakwan kad [e-chi-ri-a-kwan kad]
business casual (dress) adwuma ntaade [a-jwu-ama
  n-taa-de]
business plan adwuma nhwɛsode [a-jwu-ma n-hwe-
  so-de]
casual (dress) fie ntadeɛ [fie n-ta-dee]
cell phone number megyina abɔnten na merekasa
  yi nɔma [me-ji-na a-bon-tin-na mii-ka-sa-yi no-ma]
certification adansidie krataa [a-dan-si-die kra-taa]
certified adanseɛ [a-dan-see]
colleague yɔnko [yon-ko]
company adwuma [a-jwu-ma]
competition akansie [a-kan-sie]
competitor ɔkansifoɔ [o-kan-si-foo]
computer abɛɛfo fidie badwenma [a-bee-fo fi-die
  ba-jwin-ma]
conference nhyiamu [n-shi-amu]
contract kɔntragye [kon-tra-ji]
course akwansu [a-kwan-su]
cubicle adaka [a-da-ka]
CV wo ho nsɛm krataa [wo ho n-sem kra-taa]
deduction nkɔtefirimu [n-ko-te-fi-ri-mu]
degree mpɛnpɛnsoɔ [m-pen-pen-sour]
desk ɛpono [e-p-ono]
e-mail address wiase ntentankɛseɛ akyiriakwan
  [wi-ase n-tin-tan-ke-sie a-chi-ri-akwan]
employee odwumayɛni [o-jwu-ma-ye-ni]
employer adwumawura [e-jwu-ma-wu-ra]

---

equal opportunity akwanya pɛpɛɛpɛ [a-kwa-nya pe-pee-pe]

expenses ɛho aka [e-ho-aka]

experience osuahunu [o-sua-hunu]

fax number ahomatrofoɔ krataa nɔma [a-ho-ma-tro-four kra-taa no-ma]

field fɛm [fem]

formal (dress) ntaade a wɔagye atum [n-taa-de-a wa-ji a-tum]

full-time merɛ tenten [me-re ten-ten]

global wiase [wi-ase]

income akatua [a-ka-tua]

income tax akatua toɔ [a-ka-tua-to]

insurance nsiakyiban [n-sia-chi-ban]

job adwuma [a-jwu-ma]

joint venture nkabom dwuma [n-ka-bom jwu-ma]

license tumi krataa [tu-mi kra-taa]

mailing amane [a-ma-ne]

marketing adetɔn [adi-ton]

meeting nhyiamu [n-shia-mu]

minimum wage akatua mu kuma [a-ka-tua-mu ku-ma]

multinational amanaman [a-man-a-man]

office adwumamu [a-jwu-ma-mu]

office phone number adwumamu ahomatrofo nɔma [a-jwu-ma-mu a-ho-ma-tro-fo-no-ma]

paperwork nkrataasɛm [n-kra-taa-sem]

part-time mere tia [me-re ti-a]

printer fidie a ɛtintim atwerɛ [fi-die-a e-tin-tim a-chwi-re]

profession adwuma [a-jwu-ma]

professional obi a w'akwadare dwumadie bi mu [ob-i-a wa-kwa-da-re jwu-ma-die bi- mu]

project dwumadie [jwu-ma-die]

promotion dawurubɔ [da-wu-ru-bo]

raise pagya [pa-ja]

reimbursement ɔsan tua wo sika ama wo [o-san a-tua wo si-ka ama wo]

resume hyɛ ase [she a-se]

salary bosomi akatua [bo-so-mi a-ka-tua]

scanner fidie a ɛtwa mfoni [fi-die-a e-chwa m-foni]

seminar adesua nhyiamu [adi-sua n-shi-amu]

suit suit [suut]

supervisor ohwɛsofoɔ [o-shwe-so-four]

tax ID toɔ adansidie ahyɛnso [to-o a-dan-si-die a-she-nso]

tie kɔnn homa [kon-n ho-ma]

trade fair dwadie yikyerɛ bea [dwa-die yi-chi-re bia]

uniform atadeɛ [a-ta-de]

union nkabom kuo [n-ka-bom kuo]

visa visa [visa]

wages akatua [a-ka-tua]

work number adwumamu nɔma [a-jwu-ma-mu no-ma]

work permit adwumayɛ tumi krataa [a-jwu-ma-ye tu-mi kra-taa]

MEDICAL

AT THE DOCTOR

Making an Appointment

Can you recommend a good doctor?
Wo bɛtumi akanfo ɔyaresafoɔ?
[Wo be-tu-mi a-kan-fo o-ya-re-sa-four?]

I'd like to make an appointment for ...
Mepɛ sɛ me srɛ akwanya hyia ...
[Me-pe se me sre a-kwa-nya shia ...]

today	tomorrow	next week
ɛnnɛ	okyena	nnawɔtwe a ɛreba yi
[e-ne]	[o-chi-na]	[naa-wo-chwe-a e-ba yi]

as soon as possible
ntɛm ara
[ntem ara]

Can the doctor come here?
Ɔyaresafoɔ no bɛtumi aba ha?
[O-ya-re-sa-four -no be-tu-mi a-ba ha?]

What are the office hours?
Merɛ bɛn na ɔde yɛ adwuma?
[Me-re ben-a o-de ye a-jwu-ma?]

It's urgent.
Ɛyɛ asɛmhia.
[Eye a-sem hia.]

···············

You Might Hear

Wo wɔ akyiwadeɛ?
[Wo wo e-chi-wa-die?]
Do you have any allergies?

Wo da aduro so?
[Wo da a-du-ro-so?]
Are you on any medications?

Sensan ha.
[Sin-san-ha.]
Sign here.

···············

I need a doctor who speaks English.
Me hia ɔyaresafoɔ a ɔka borofo kasa.
[Me hia o-ya-re-sa-four-a o-ka bo-ro-fo ka-sa.]

How long is the wait?
Yɛbɛ twɛn akɔsi bere bɛn?
[Ye-be chwen a-ko-si bi-ri ben?]

Ailments

I have ...	I need medication for ...
Me wɔ ...	Me hia ayarehwɛ wɔ ...
[Mi wo ...]	[Me hia a-ya-re-shwe wo ...]

allergies akyiwadeɛ [e-chi-wa-de]
an allergic reaction pɔ [po]
arthritis sasabrɔ [sa-sa-bro]
asthma ntehyeewa [n-te-she-ewa]
a backache akyirikasɛɛ mu ya [e-chi-ri-ka-sei mu ya]
bug bites ntefere ka [n-te-fe-re-ka]

chest pain kokoɔ mu ya [ko-ko mu ya]
a cold ti yadeɛ [ti ya-die]
cramps anidane [a-ni-da-ne]
diabetes asikyire yadeɛ [a-si-chi-re ya-die]
diarrhea ayɛmtuo [a-ye-mtuo]
an earache aso yadeɛ [a-so ya-die]
a fever ebunu [e-bu-nu]
the flu hwene mu nsuo [shwe-ne mu n-suo]
a fracture dompe a ato afa ho [dom-pe-a a-to a-fa-ho]
a heart condition akoma yadeɛa [a-ko-ma ya-die]
high blood pressure mogya brosoɔ [mo-ja bro-so]
an infection nsaneɛ [n-sa-ne]
indigestion aduane ahyɛ me so [aduani ashe me so]
low blood pressure mogya sini [mo-ja si-ni]
pain ahotutuo [a-ho-tu-tuo]
a rash nsaa [n-saa]
swelling ahono [ahono]
a sprain dompe a ahwan [dom-pe-a a-shwan]
a stomachache yafono keka [ye-fon ke-ka]
sunburn nanso ɔbɛn [nan-so o-ben]
sunstroke awia nshye [a-wia n-shye]
a toothache kaka [ka-ka]
a urinary tract infection nkwee [n-kwiy]
a venereal disease nnamu yadeɛ [n-na-mu ya-die]

I've been sick for … days.
Ma yare bɛ yɛ … nna ni.
[Ma ya-ri be ye … n-na ni.]

It hurts here.
Mapira wɔ me ha.
[Ma-pi-ra wo mi ha.]

It's gotten worse/better.
Emu aye den/eye.
[E-mu a-ye din/e-ye.]

I'm ...
Me ye ...
[Mi ye ...]

   anemic mogya asa [mo-gya asa]
   bleeding mogya tuo [mo-ja tuo]
   constipated ayemtim [a-yem-tim]
   dizzy anisobri [a-ni-so-bri]
   having trouble breathing me ntumi nhome yie
    [me n-tu-mi n-ho-me yie]
   late for my period me bra twam [me bra chwam]
   nauseous afeyefeye [a-fe-ye-fe-ye]
   pregnant nyinsen [n-yin-sen]
   vomiting efee [e-fie]

Treatments and Instructions

Do I need a prescription medicine?
Me hia aduro a w'atwere?
[Me hia a-du-ro a wa-chwe-re?]

Can you prescribe a generic drug?
Wo betumi a twere aduro a ene me mogya shyia?
[Wo be-tu-mi a chwe-re a-du-ro-a e-ne me mo-ja
   shyi-a?]

Is this over the counter?
Wo ko too no bea oton aduro?
[Wo ko to no be-a o-ton a-du-ro?]

You Might Hear

Home kɛse.
[Ho-me ke-si]
Breathe deeply.

Me pa wo kyɛw, bɔ wa.
[Me pa wo chew, bo wa.]
Cough please.

Me pa wo kyɛw, worɔ wo ho.
[me pa wo chew, woro wo ho.]
Undress, please.

Eha na ɛyɛ wo ya?
[E-ha na e-ye wo ya?]
Does it hurt here?

Bue w'anom.
[Bue wa-num.]
Open your mouth.

Ɛwɔ sɛ wokɔhunu nimdefo.
[E-wo se wo-ko-hu-nu nim-de-fo.]
You should see a specialist.

Ɛwɔ sɛ wo kɔ ayaresabea.
[E-wo se wo ko a-ya-re-sa-bia.]
You must go to the hospital.

Ɛyɛ ...
[A ...]
It's ...

abu	**nkyim**	**nsaneɛ**	**nsaneɛ**
[a-bu]	[n-chim]	[n-sa-ne]	[n-sa-ne]
broken	sprained	contagious	infected

Bra nnawɔtwe mmienu akyi.
[Bra na-awo-chwe m-mie-nu a-kyi.]
Come back in two weeks.

Ɛwɔ sɛ wo san ba.
[E-wo se wo san ba.]
You need a follow-up.

How much do I take?
Sɛn na menfa?
[Sen-na me m-fa?]

How often do I take this?
Mperɛ ahe na me mfa?
[M-pe-re a-he na me m-fa?]

Are there side effects?
Akyire nsunsansoɔ wɔ hɔ?
[A-kyi-re n-sun-san-so wo ho?]

Is this safe for children?
Ɛyɛ ma nkɔdaa?
[E-ye ma n-ko-daa?]

I'm allergic to …
Me kyi …
[Me chi …]

anti-inflammatories
nhyenheɛ aduro
[n-she-she a-du-ro]

aspirin
tipayɛ aduro
[ti-pa-ye a-du-ro]

codeine
aduro a ɛtumi ma wo da
[a-du-ro-a e-tu-mi ma wo-da]

penicillin
topayɛ
[to-pa-ye]

(*See* **At the Pharmacy,** *pages 225-228*)

You Might Hear

I'm prescribing you ...
Me twerɛ aduro ama ...
[Me chwe-re a-du-ro a-ma ...]

antibiotics
topayɛ
[to-pa-ye]

anti-virals
aduro a ɛkum honamu moa
[a-du-ro-a e-kum ho-na-mu moa]

an ointment
nku a ɛshyeshye
[n-ku-a e-shye-shye]

painkillers
honamyaw aduro
[ho-na-mya-w a-du-ro]

You need ...
Wo hia ...
[Wo hia ...]

a blood test
mogya nhwehwɛmu
[mo-ja n-hwe-hwe-mu]

an injection
paneɛ
[pa-nie]

an IV
intin
[in-tin]

a strep test
honam mu moa nhehwɛmu
[ho-nam mu moa n-shwi-shwe-mu]

a urine test
dwonsɔ mu nhwehwɛmu
[jon-so-mu n-shwi-shwe-mu]

Payment and Insurance

I have insurance.
Me wɔ nshyiakyiban.
[Me wo n-sia-chi-ban.]

Do you accept ...?
Wo gye ... tomu?
[Wo je ... to-mu?]

How much does it cost?
Ne boɔ yɛ sɛn?
[Ne bour ye sen?]

Can I have an itemized receipt for my insurance please?
Metumi anya dwadie krataa w'atimtim boɔ, ama me nsiakyiban?
[Me tu-mi a-nya dwa-die kra-taa wa-tim-tim boo, ama-me n-sia-chi-ban?]

Can I pay by credit card?
Metumi de sika kad atua?
[Me-tu-mi de si-ka kad a-tua?]

Will my insurance cover this?
Me nsiakyiban bɛfa ho ka?
[Me n-sia-chi-ban be-fa ho ka?]

AT THE OPTOMETRIST

I need an eye exam.
Me hia ani nsɔhwɛ.
[Me hia a-ni n-so-shwe.]

I've lost …
Ma hwere …
[Ma shwi-ri …]

a lens
ahwehwɛ niwa
[a-shwi-shwe ni-wa]

my contacts
me ho nnipa akyiriakwan
[mi ho nipa a-chi-ri a-kwan]

my glasses
m'hwehwɛniwa
[ma shwi-shwe]

Should I continue to wear these?
Me nkɔ so nhyɛ yei?
[Me n-ko so n-she wei?]

Can I select new frames?
Mɛtumi ayi ahwehwɛ me pɛ?
[Me tu-mi a-yi a-shwi-shwe me pe?]

How long will it take?
Ɛbɛdi mmerɛ sɛn?
[E-be-di mmi-ri sen?]

I'm nearsighted. / I'm farsighted.
Ade bɛn me a na me hu. / Ade wɔ akyi a na me.
[A-de-ben me a na me hu. / A-de-wo a-chi a na me.]

AT THE DENTIST

This tooth hurts.
Se yi yɛ me ya.
[Se yi ye me ya.]

I have a toothache.
Manya kaka.
[M'anya kaka.]

I have a cavity.
Tokuro da me se mu.
[To-ku-ro da me se mu.]

I've lost a filling.
Me se ahi.
[Me se a-hi.]

My tooth is broken.
Me se abu.
[Me se a-bu.]

My teeth are sensitive.
Me se keka.
[Me se ke-ka.]

Can you fix these dentures?
Wo betumi akora se a m'ahye yi?
[Wo be-tu-mi a-ko-ra-se a ma-she yi?]

- -
You Might Hear

Ɛwɔ sɛ yɛ hyɛ wo se mu.
[E-wo se ye hye wo se mu.]
You need a filling.

Merewɔ wo paneɛ (a wonti nka).
[Mi-ri-wo wo pa-nie (a won-ti n-ka).]
I'm giving you an injection (a local anesthetic).

Ɛwɔ sɛ me tu ɛse yei.
[E-wo se mi tu esi yei.]
I have to extract this tooth.

Ɛndidi kɔpem …
[En-di-di ko-pem …]
Don't eat anything for … hours.
- -

AT THE GYNECOLOGIST

I have cramps.
M'ayaase yɛ me ya.
[Ma-yaa-se ye me ya.]

I have an infection.
Yadeɛ bi asaa me.
[Ya-dee-bi a-saa me.]

My period is late.
Me bra apa ho.
[Me bra a-pa ho.]

My last period was ...
Me bra etwa too yɛ ...
[Me bra e-twa to-o ye ...]

I'm on the Pill.
Me da aduro so.
[Me da a-du-ro so.]

I'm ... months pregnant.
Me nyem abosome ...
[Me n-yem a-bo-so-me ...]

I'm not pregnant.
Me nnyinsɛneeɛ.
[Me n-yin-sen ye.]

I need ...
Me hia ...
[Me hia ...]

> **a contraceptive**
> aduro a yɛde bra nyinsɛn
> [a-du-ro-a ye-di bra n-yin-sen]

> **the morning-after pill**
> anɔpa akyi aduro no
> [ano-pa a-chi aduro no]

> **a pregnancy test**
> nyinsɛn nhwehwɛmu
> [n-yin-sen n-n-shwi-shwe-mu]

> **an STD test**
> nnamu yadeɛ nhwehwɛmu
> [n-na-mu ya-dee n-shwi-shwe-mu]

AT THE PHARMACY

Where's the nearest pharmacy?
Bea ɔtɔn aduro bi bɛn ha?
[Be-a o-ton a-du-ro bi ben ha?]

What time does the pharmacy open/close?
Bere bɛn na ɔbue/ɔpon adutɔnbea no?
[Be-re ben na o-bue/o-pon a-du-ton-be-a-no?]

Can you fill this prescription?
Wo betumi atwerɛ aduro yi?
[Wo be-tu-mi a-chwi-re a-du-ro yi?]

How long is the wait?
Mɛtwɛn akɔsi bere bɛn?
[Me t-wen a-ko-si be-re ben?]

I'll come back for it.
Mɛsan aba abɛgye.
[Me-san a-ba a-be je.]

What do you recommend for (a/an) …?
Dɛn na wo kamfo ma me …?
[Den na wo kam-fo ma me …?]

   allergies akyiwadeɛ [a-chi-wa-die]
   cold tiyadeɛ [ti-ya-die]
   cough ɛwa [e-wa]
   diarrhea ayamtuo [a-yem tu-o]
   hangover nketenkete [n-ki-tin-ki-ti]
   motion sickness anisokyini [a-ni-so-chi-ni]
   post-nasal drip ntesheewa [n-te-she-ewa]
   sore throat mene mu kruo [me-ne-mu kruo]
   upset stomach yafonyaa [ye-fon-ya-a]

You Might Hear/See

Fs ...
[Fs ...]
Take ...

wo didi wie a
[wo di-di wie a]
after eating

yafono pan
[ye-fo-no pan]
on an empty stomach

anɔpa
[a-no-pa]
in the morning

ansa wobɛda
[an-sa wo-be-da]
before bed

ansa wobɛdidi
[an-sa wo-be-di-di]
before meals

dabiara mperɛnu
[da-bia-ra m-pe-re-nu]
twice daily

anum
[a-num]
orally

fa nsuo bebire
[fa n-suo be-bi-re]
with plenty of water

ma no nka w'ano
[ma no n-ka wa-no]
for external use only

mene no mua
[me-ne-no mua]
swallow whole

ɛbɛtumi aboro wo
[e-be-tu-mi a-bo-ro wo]
may cause drowsiness

mfa mfra nsa
[m-fa m-fra n-sa]
do not mix with alcohol

Do I need a prescription?
Me hia aduro yɛatwerɛ?
[Me hi-a a-du-ro ya-chwi-re?]

I'm looking for ...   **Do you have ...?**
Merehwehwɛ ...   Wo wɔ ...?
[Me shwi-shwe ...]   [Wo wo ...?]

   aftershave adwere du [a-jwe-re du]
   anti-diarrheal ayamtuo aduro [a-yem-tuo a-du-ro]
   antiseptic rinse samfo duro [sam-fo du-ro]
   aspirin honam yaa aduro [ho-nam yaa a-du-ro]
   baby wipes danta [dan-ta]
   bandages akyere ntoma [a-chi-ri n-to-ma]
   cold medicine tiyadeɛ aduro [ti-ya-die a-du-ro]
   a comb afe [a-fi]
   conditioner nwi samina [nwi sa-mi-na]
   condoms kote bɔtɔ [ko-te bo-to]
   cottonballs asaawa [a-saa-wa]
   dental floss deɛ yɛde yi se mu [die ye-di yi se mu]
   deodorant aduhwam [e-du-shwam]
   diapers danta [dan-ta]
   gauze nkatanim [n-ka-ta-nim]
   a hairbrush afe [a-fe]
   hairspray aduhwam a yɛde gu nwi mu [a-du-
     shwam-a ye-de gu nwi mu]
   hand lotion nsa nku [n-sa n-ku]
   ibuprofen berɛ aduro [be-re a-du-ro]
   insect repellant ntefrɛ aduro [n-te-fre a-du-ro]
   moisturizer nku [n-ku]
   mousse tirinwii nku [ti-ri-nwii n-ku]
   mouthwash anum aduro [a-num a-du-ro]
   razor blades yewan [ye-wan]

rubbing alcohol hye nsu [she n-su]

shampoo nwi samina [n-wi sa-mi-na]

shaving cream dwerɛ nku [jwi-re n-ku]

soap samina [sa-mi-na]

sunblock nku a esi awia kwan [n-ku-a e-si a-wia kwan]

tampons asaawa [a-saa-wa]

a thermometer ade a yɛde susu wiemhyeɛ [a-de-a ye-de su-su wie-m she-e]

throat lozenges menemu kuro aduro [me-ne-mu ku-ro a-du-ro]

tissues ntɛ [n-te]

toilet paper tiafi krataa [tie-fi kra-taa]

a toothbrush se dua [se du-a]

toothpaste se duro [se du-ro]

vitamins nuane nuro [nu-ane-nu-ro]

PARTS OF THE BODY

abdomen ayaase [a-yaa-se]
anus turumu [tu-ru-mu]
appendix kɔkɔbo [kokobo]
arm abasa [a-ba-sa]
back akyi [a-chi]
belly button yafono [ye-fo-no]
bladder dwonsɔ twaa [jwon-so twa-a]
bone dompe [dom-pe]
buttocks ɛtoɔ [etour]
breast nofoɔ [no-four]
chest koko [ko-ko]
ear aso [a-so]
elbow abatwɛ [a-ba-chwe]
eye ani [e-ni]
face anim [e-nim]
finger nsansoa [n-sansoa]
foot anamɔn [a-na-mon]
gland kwamɔ [kwa-mo]
hair nwi [n-wi]
hand nsa [n-sa]
heart akoma [a-ko-ma]
hip ɛpa [e-pa]
intestines nsono [n-so-no]
jaw apantan [a-pan-tan]
joint apɔso [a-po-so]
kidney ahrawa [a-hra-wa]
knee kotodwe [ko-to-dwe]
knuckles apɔso [a-po-so]
leg nan [nan]
lip ano [a-no]

liver breboɔ [bre-boo]
lung saboɔ [sa-boo]
mouth anum [a-num]
muscle honam [ho-nam]
neck kɔn [kon]
nose hwene [hwe-ne]
penis kɔte [ko-te]
rectum trumu [tru-mu]
rib mfe mpadeɛ [m-fe mpadie]
shoulder abatire [a-ba-ti-re]
skin hɔnam [ho-nam]
stomach afuro [a-fu-ro]
testicles ntɔhwɛ [n-to-shwe]
thigh srɛ [sre]
throat mene [me-ne]
thumb kokromoti [ko-kro-mo-ti]
toe nansoa [nan-soa]
tooth/teeth se [si]
tongue tekyerɛma [te-chi-re-ma]
tonsils kɔmpɔ [kom-po]
urethra hwoa [hwo-a]
uterus awodeɛ [a-wo-die]
vagina ɛtwɛ [e-chwe]
vein ntini [n-tini]
waist sisie [si-sie]
wrist nsakɔn [n-sa-kon]

GENERAL EMERGENCIES

Help!	**Fire!**	**Thief!**	**Police!**
Boa!	Ogya!	Ɔkrɔmfo!	Poosi!
[Bo-a!]	[O-ja!]	[O-krom-fo!]	[Po-o-si!]

It's an emergency!
Ɛgye ntɛmpɛ!
[E-je-ntem-pe!]

Stop!	**Leave me alone!**	**Go away!**
Gyae!	Gyae me!	Kɔ no hoaa!
[Jae!]	[Jae-me!]	[Ko no hoaa!]

There's been an accident/attack!
Akwanhyia/kwanmuka bi asi!
[a-kwan-shia/kwan-mu-ka bi asi!]

Call …!
Frɛ …!
[Fre …!]

an ambulance	**a doctor**
ayarefoɔ hyɛn	oduruyɛfoɔ
[a-ya-ri-four shen]	[oduru-ye-four]

the police	**the fire department**
poosi no	odumgya dwumayɛbea
[po-o-si no]	[o-dum-ja a-jwu-ma-ye-bia]

Is anyone here …?
Obi wɔ ha …?
[Obi-wo-ha …?]

a doctor	**trained in CPR**
oduruyɛfoɔ no	nteteɛ wɔ akomahwɛmu
[o-du-ye-four no]	[n-te-tee wo a-ko-ma-shwe-mu]

```
You Might Seea
```

Putupuru
[Pu-tu-pru]
Emergency

Ayaresabea
[A-ya-re-sa-bia]
Hospital

Poosi
[Poo-si]
Police

Poosifɔɔ asɔɛɛ
[Poo-si-four a-soei]
Police Station

Quickly!	Be careful!
Ntɛm!	Hwɛ yie!
[n-tem!]	[Shwe yie!]

Where is the …?
Ɛwɔ he …?
[E-wo-he …?]

American embassy
Amerika aban ananmusini asɔɛɛ
[A-me-ri-ka-ban a-na-mu-si-ni a-so-ye-ye]

bathroom	hospital	police station
adwaeɛ	ayaresabea	poosifɔɔ asɔɛɛ
[a-jwa-ye]	[a-ya-re-sa-bia]	[poo-si-four a-so-ye-ye.]

Can you help me?	I'm lost.
Wobetumi aboa me?	Mayera.
[Wo-be-tu-mi a-bo-a me?]	[Ma-ye-ra.]

Can I use your phone?
Wobetumi afɛm me wo ahomatrofoɔ no?
[Wo-be-tu-mi afem-me wo ahomatrofour no?]

TALKING TO POLICE

I've been …
Ma …
[Ma …]

assaulted	robbed	swindled
pira	obi awia me	obi asisi me
[pi-ra]	[o-bi a-wi-a mi]	[o-bi a-si-si mi]

mugged	raped
obi ato ahyɛ me so	obi ato me monaa
[o-bi a-to-a-she me so]	[o-bi a-to mi mo-naa]

That person tried to … me.
Onipa no yɛɛ sɛ anka ɔre … me.
[O-ni-pa-no-yee se an-ka oo … mi.]

assault	mug	rob
pira	to ahyɛ me so	bɔ me krɔno
[pi-ra]	[to a-she me so]	[bo me kro-no]

rape
to me monaa
[to mi mo-naa]

I've lost my ...
Mayera me ...
[Ma-ye-ra me ...]

My ... was stolen.
Me ... ayera.
[Me ... a-ye-ra]

  bag(s) bɔtɔ [bo-to]
  credit card sika kad [si-ka-kad]
  driver's license ahyɛnka tumi krataa [a-shen-ka tu-mi kra-taa]
  identification ahyɛnsodeɛ [a-shen-so-die]
  keys safoa [sa-fo-a]
  laptop afidie badwenba a yɛde si srɛ so [e-fi-die ba-jwen-ba a ye-di si sre so]
  money sika [si-ka]
  passport akwantufoɔ krataa [a-kwan-tu-four kra-taa]
  purse sika bɔtɔ [si-ka bo-to]
  traveler's checks akwantufoɔ sika krataa [a-kwan-tu-fo si-ka kra-taa]
  visa visa [visa]
  wallet sika bɔtɔ [si-ka-bo-to]

I have insurance.
Me wɔ nsiakyiban.
[Me wo n-si-echi-ban.]

I need a police report.
Mehia poosifo amanebɔ.
[Me-hea poo-si-fo a-ma-ni-bo.]

Please show me your badge.
Mesrɛ wo kyerɛ me w'ahyɛnsodeɛ.
[Me-sre wo chre me wa-shen-so-die.]

Please take me to your superior.
Mesrɛ wo fa me kɔ wo panyin hɔ.
[Me-sre-wo fa-mi-ko wo pa-nin-ho.]

Please take me to the police station.
Mesrɛ wo fa me kɔ wo poosifoɔ asɔeɛ.
[Mi-sre wo fa mi ko poo-si-four a-so-ye-ye.]

This person won't leave me alone.
Saa nipa yi rennyae me haw.
[Saa nipa-ye ren-jai-me haw.]

My son/daughter is missing.
Me ba barima/baa ayera.
[Me-ba be-ma/baa a-ye-ra]

He/She is XX years old.
Wadi mfie XX.
[Wa-de m-fie XX.]

I last saw the culprit XX minutes/hours ago.
Mehuu onipa no sima/dɔnhwere XX atwam.
[Mi-huu o-ni-pa-no si-ma/don-hwe-re XX at-wam.]

What is the problem?
Ɔhaw bɛn na asi?
[O-haw ben-na asi?]

What am I accused of?
Me soboɔ ne sɛn?
[Me so-boo-ne sen?]

I didn't realize that it wasn't allowed.
M'ansusu sɛ mmra mma kwan.
[M'an-su-su se m-ra m-ma qan.]

I apologize.
Mesrɛ.
[Mi-sre.]

I didn't do anything.
Manyɛ hwee.
[Man-ye shwii.]

I'm innocent.
Mennim ho hwee.
[Me-nnim ho hwee.]

I need to make a phone call.
Mehia sɛ mefrɛ obi wɔ ahomatrofo so.
[Me-hia se mi-fre o-bi-wo ahomatrofo-so]

You Might Hear

sɛe asomdwoe no
[sei a-som-jwo-ye-no]
disturbing the peace

krɔno
[kro-no]
theft

hyɛn gyinabea ho ka
[shen ji-na-bia-ho ka]
parking fine

hyɛn mmirikatuo ka
[shen mmi-ri-ka-tu ka]
speeding ticket

ahyɛn kwan mmra so bu
[a-shen kwan m-mra-so bu]
traffic violation

wobɛtena abro bere a aban de maa wo
[wo-be-te-na a-bro bere a aban de maa wo]
overstaying your visa

I want to contact my embassy/consulate.
Mepɛ sɛ me ne me ɛmbasi/amrado di nkitaho.
[Mi-pe-se mi-ne me em-ba-zi/a-mra-do di n-ki-ta-ho.]

I want to speak to a lawyer.
Mepɛ sɛ me ne me mmranimfoɔ kasa.
[Mi-pe-se mi-ne m-mra-ni-mfour ka-sa.]

I speak English.
Meka brɔfo.
[Mi-ka bro-fo.]

I need an interpreter.
Mehia kasa asekyerɛfoɔ.
[Mi-hia ka-sa ase-kye-re-four.]

NUMBERS

CARDINAL NUMBERS

1 baako [baa-ko]
2 mmienu [m-mie-nu]
3 mmiɛnsa [m-mien-sa]
4 nnan [n-nan]
5 ɛnum [e-num]
6 nsia [n-sia]
7 nson [n-son]
8 nwɔtwe [n-wo-chwi]
9 nkron [n-kron]
10 edu [e-du]
11 du baako [du-baa-ko]
12 du mmienu [du m-mie-nu]
13 du mmiɛnsa [du-m-mien-sa]
14 dunan [du-nan]
15 dunum [du-num]
16 dunsia [du-n-sia]
17 dunson [du-n-son]
18 dunwɔtwe [du-nwo-twi]
19 dunkron [du-n-kron]
20 aduonu [e-duo-nu]
21 aduonu baako [e-duo-nu baa-ko]
22 aduonu mmienu [e-duo-nu m-mie-nu]
30 aduasa [e-dua-sa]
31 aduasa baako [e-dua-sa baa-ko]
32 aduasa mmienu [e-sua-sa mmie-nu]
40 aduanan [e-dua-nan]
50 aduonum [e-duo-num]
60 aduosia [e-duo-sia]
70 aduɔson [eduo-son]
80 aduɔwɔtwe [e-duo wo-chwe]
90 aduɔkrɔn [a-duo-kron]

100 ɔha [o-ha]
101 ɔha ne baako [ha ne baa-ko]
200 ahaanu [ahaanu]
500 ahanum [ahanum]

1,000   apem [a-pem]
10,000   mpedu [mpi-du]
100,000   ɔpeha [o-pe-ha]
1,000,000 ɔpepem baako [o-pe-pem baa-ko]

FRACTIONS

one-quarter baako nkyɛmu nan [baa-ko n-che-mu nan]
one-half ɛfa baako [efa baako]
three-quarters nkyɛmu nan mu mmiɛnsa [n-che-mu
m-mien-sa mu a-nan]
one-third baako nkyɛmu mmiɛnsa [baa-ko n-che-mu
m-mien-sa]
two-thirds nkyɛmu mmiɛnsa mu mmienu [n-che-mu
m-mien-sa mu mmie-nu]

all nyinaa [n-yi-naa]
none hwee [shwii]

ORDINAL NUMBERS

first ɛdi kan [edi k-an]
second ɛtɔ so mmienu [e-to-so m-mie-nu]
third ɛtɔ so mmiɛnsa [e-to-so m-mien-sa]
fourth ɛtɔ so nan [e-to-so nan]
fifth ɛtɔ so num [e-to-so num]
sixth ɛtɔ so nsia [e-to-so n-sia]
seventh ɛtɔ so nson [e-to-so n-son]
eighth ɛtɔ so nwɔtwe [e-to-so n-wo-chwe]
ninth ɛtɔ so nkrɔn [e-to-so n-kron]
tenth ɛtɔ so du [e-to-so du]

QUANTITY & SIZE

one dozen dummienu baako [du-m-mie-nu baa-ko]
half a dozen nsia [nsia]

a pair of ... nta ... [n-ta ...]
a couple of ... kakra ... [kakra ...]
some (of) ... ebi ... [e-bi ...]

a half ɛfa [e-fa]
a little kakraa bi [ka-kraa bi]
a lot ɛdɔɔso [e-doo-so]

more ebio [e-bio]
less ntesoɔ [n-te-so]

enough ɛyɛ [e-y-e]
not enough ɛnyɛ [en-ye]

too many pii [pii]
too much bebree [be-bree]

big kɛse [ke-si]
bigger kɛse sen [ke-si sen]
biggest kɛse paa [ke-si paa]

small ketewa [ki-ti-wa]
smaller ketewa sɛn [ki-ti-wa sen]
smallest ketewa paa [ki-ti-wa paa]
fat kɛse [ke-si]
skinny honam nketenkete [ho-nam nki-ti-n-ki-ti]

wide tɛtrɛɛ [te-tree]
narrow teaa [tiaa]

QUANTITY & SIZE

tall tenten [tin-tin]
short tiatia [tie-tia]
long tenten [tin-tin]

extra small (XS) ketewa emorosoɔ (EK) [ke-te-wa
    e-mo-ro-so (EK)]
small (S) ketewa (K) [ke-te-wa (K)]
medium (M) adantamu (A) [a-da-nta-mu (A)]
large (L) Kɛse (K) [ke-si (K)]
extra-large (XL) kɛse mmorosoɔ [ke-se mo-ro-so]

WEIGHTS & MEASUREMENTS

inch inkyi [in-kyi]
foot anamɔn [a-na-mon]
mile kwansini [kwen-si-ni]

squared sokwɛɛ [so-kwee]
cubed ahinanan [a-hi-na-nan]

millimeter milimita [mi-li-mi-ta]
centimeter sɛntimita [sen-ti-mi-ta]
meter mita [mi-ta]
kilometer kilomita [ki-lo-mi-ta]

milliliter mililita [mi-li-li-ta]
liter lita [li-ta]
kilogram kilogram [kilo gram]

ounce brɛ ko [bre ko]
cup bonsua [bon-sua]
pint nkyɛmu nwotwe [n-che-mu n-wo-chwe]
quart nkyɛmu nan [n-che-mu nan]
gallon galɔn [ga-lon]

TIMES & DATES

TELLING TIME

What time is it?
Abɔ sɛn?
[A-bo sen?]

It's 5 A.M./P.M.
Abɔ nnɔn num anɔpa/annwumerɛ.
[A-bo nnon num ano-pa/an-nwu-mere.]

It's 6 o'clock.
Abɔ nnɔn nsia.
[A-bo nnon n-sia.]

It's 6:30.
Abɔ nnɔn nsia ne fa.
[A-bo nnon n-sia ne efa.]

Five past three
Nnɔn mmiɛnsa apa ho sima ɛnum
[N-non m-mien-sa a-pa ho si-ma e-num]

Half past two
Nnɔn mmienu ne fa
[N-non mmie-nu ne e-fa]

Quarter to eight
Sima dunum na abɔ nnɔn wɔtwe
[Si-ma du-num na a-bo nnon wo-twe]

Twenty to four
Aka sima aduono na abɔ nnɔn nan
[Aka si-ma aduo-nu na a-bo nnon a-nan]

noon prɛmtoberɛ [prem-to bre]
midnight anadwo kɔnkɔn [a-na-dwo kon-kon]

In the ...
Mu ...
[Mu ...]

  morning anɔpa [a-no-pa]
  afternoon awia berɛ [a-wia bi-re]
  evening annwumerɛ [an-nwu-mi-re]

early ntɛm [n-tem]
late ekyere [e-kyi-re]
at night anadwofa [a-na-jwo-fa]

At 1 P.M. awia ndɔn ko [a-wia n-don ko]
At 3:28 ndɔn mmiɛnsa apa ho sima aduonu
   awɔtwe [n-don m-mien-sa apa-ho si-ma aduo-nu
   awo-twe]

A.M. anɔpa [a-no-pa]
P.M. awia [a-wia]

DURATION

for ...
ntam ...
[ntam ...]

  one month   **two months**
  bosome baako   abosome mmienu
  [bo-so-mi baa-ko]   [a-bo-so-me m-mie-nu]

  one week   **three weeks**
  nnawɔtwe baako   nnawɔtwe mmiɛnsa
  [n-na-wo-chwe baa-ko]   [n-na-wo-chwe m-mien-sa]

one day
da koro
[da koro]

four days
nna nnan
[n-na n-nan]

one hour
dɔnhwere baako
[don-shwi-ri baa-ko]

a half hour
sima aduasa
[si-ma adua-sa]

one minute
sima baako
[si-ma baa-ko]

five minutes
sima enum
[si-ma num]

one second
anitɛtɛ baako
[e-ni-te-te baa-ko]

five seconds
anitɛtɛ nnum
[e-ni-tete n-num]

since efitisɛ [e-fi-ti se]
during bere a [bri a]

before ansa na [an-sa-na]
after akyiri [e-chi-ri]

one year ago
afe baako a etwa mu
[a-fe baa-ko a e-twa mu]

five years ago
afe nnum a etwa mu
[a-fe e-num a e-chwa mu]

six months ago
bosome nsia a etwa mu
[bo-so-me n-sia a e-chwa mu]

in two years
wɔ afeɛ mmienu ntam
[wo m-fie mmie-nu ntam]

in five months
wɔ abosome enum
[wo-abo-so-me e-num]

in two weeks
wɔ nnawɔtwe mmienu
[wo nna-awo-chwe mmie-nu]

in twelve days
wɔ nda du mmienu
[wo n-da du-mmienu]

in three hours
wɔ dɔnhwere mmiɛnsa ntam
[wo don-shwe-re mmien-sa ntam]

in five minutes
wɔ sima enum mu
[wo si-ma e-num mu]

in ten seconds
wɔ anitɛtɛ du ntam
[wo-ani-te-te-du ntam]

STATING THE DATE

Relative Dates

yesterday nnora [n-no-ra]
today ɛnnɛ [en-ne]
tomorrow ɔkyena [o-chi-na]

week nnawɔtwe [n-na-wo-chwe]
month bosome [bo-so-me]
year afe [a-fe]

this week nnawɔtwe yi mu [n-na-wo-chwe yi mu]
next week nnawɔtwe a edi soɔ [nna-awo-twe-a edi so]
last week nnawɔtwe a atwa mu no [n-na-wo-chwe a
    e-chwa mu no]

this month bosome yi [bo-so-me yi]
next month bosome a edi yɛn anim [bo-so-me-a e-di
    yen e-nim]
last month bosome a atwa mu no [bo-some-a achwa-
    mu no]

this year afe yi [a-fe-yi]
next year afe a ɛdi soɔ no [a-fe-a edi sour no]
last year afe atwa mu no [a-fe-a a-chwa-mu noo]

Days of the Week

Monday Dwoada [Jwo-ada]
Tuesday Benada [Be-na-da]
Wednesday Wukuada [Wu-ku-ada]
Thursday Yawoada [Ya-wo-ada]
Friday Fiada [Fia-da]
Saturday Memeneda [Me-me-ne-da]
Sunday Kwasiada [Kwa-sia-da]

Months of the Year

January Ɔpɛpɔn [O-pe-pon]
February Ogyefue [O-je-fu-e]
March Ɔbɛnem [O-be-nem]
April Oforisuo [O-fo-ri-suo]
May Kɔtɔnimma [Ko-to-ni-maa]
June Ayɛwohomumu [A-ye-wo-ho-mu-mu]
July Kutawonsa [Ku-ta-wo-n-sa]
August Ɔsanaa [O-sa-naa]
September Ɛbɔ [E-bo]
October Ahinime [E-hi-ni-mi]
November Obubuo [O-bu-buo]
December Ɔpɛnimma [O-pe-ni-maa]

Seasons

Winter Awɔbere [A-wo-bre]
Spring Asusɔberɛ [E-su-so-bre]
Summer Ehuhuroberɛ [E-hu-hu-ro bre]
Fall/Autumn Pɔberɛ [Po-bre]

PLACE NAMES

COUNTRIES

Australia Ostraliaman [Os-tra-lia-man]
Canada Kanadaman [Ka-na-da-man]
England Ingirisiman [In-gi-ri-si-man]
Ireland Irelandman [Ire-land-man]
United Kingdom Abrokyi ahenni nkabom man
    [Abro-kyi a-hen-ni n-ka-bom man]
United States of America Amerikaman [Ame-ri ka-man]

Burkina Faso Burkina Faso man [Bur-ki-na Fa-so man]
Ghana Ghanaman [Ga-na -man]
Ivory Coast Ivory Coast man [I-vi-ri co-st man]
Togo Togoman [To-go- man]

CITIES

Boston Bostin [Bos-tin]
Chicago Kyikaago [Chi- kaa go]
Dallas Dalas [Da-las]
London Lɛndɛn [Len-den]
Los Angeles Los Angeles [Los-an-gye lis]
New York New York [New York]
Paris Paris [Pa-rii]
Toronto Toronto [To-ron-to]
Vancouver Yankuya [Yan-ku- ya]

Ghana

Accra Nkran [N-kran]
Kumasi Kumase [Kumase]
Sekondi Sekune [Se-ku-ne]

Tema Tema [Te-ma]
Koforidua Koforidua [Ko-fo-ri-dua]
Cape Coast Oguaa [O-guaa]
Tamale Tamale [Tamale]

Also available from Hippocrene Books . . .

Twi-English/English-Twi Concise Dictionary
(Akuapem Twi)
Paul Kotey

- Over 8,000 entries
- Useful vocabulary and expressions for travelers to Ghana
- Concise, easy-to-use format
- Entries include phonetic pronunciation
- For travelers and students

332 pages · ISBN 978-0-7818-0264-2 · $14.95 paperback

The Ghana Cookbook
Fran Osseo-Asare and Barbara Baëta

With an emphasis on fresh, local ingredients—especially vegetables, fruits and legumes—Ghana's cuisine is vibrant, healthful and eminently appealing. The nutritious recipes often feature "African superfoods" such as dried hibiscus flowers, tamarind, red palm oil, and egusi melon seeds. The traditional diet tends to use meat sparingly, and Ghana's coast and abundant rivers allow for delicious seafood options, grilled or in hearty stews served over a starch.

Gluten-sensitive cooks will appreciate that most of the 140 recipes are gluten-free since Ghana cannot grow wheat. The book offers enticing recipes using starches such as plantains, taro, corn, cassava, sweet potatoes, rice or millet. Vegan options include a classic dairy-free pudding, and recipes in which seeds and nuts are pureed to make wonderfully rich—but cream-free—soups and sauces.

240 pages · 16 pages color photos · ISBN 978-0-7818-1343-3 · $19.95 paperback

African Language Titles from Hippocrene...

Afrikaans-English/English-Afrikaans Practical Dictionary
Revised Edition
25,000 entries · ISBN 0-7818-0846-4 · $22.95pb

Hausa-English/English-Hausa Practical Dictionary
18,000 entries · ISBN 0-7818-0426-4 · $21.95pb

Igbo-English/English-Igbo Dictionary & Phrasebook
1400 entries · ISBN 0-7818-0661-5 · $14.95pb

Krio-English/English-Krio Dictionary & Phrasebook
2000 entries · ISBN 978-0-7818-1335-8 · $14.95pb

Malagasy-English/English-Malagasy Dictionary & Phrasebook
2,500 entries · ISBN 0-7818-0843-X · $13.95pb

Pulaar-English/English-Pulaar Standard Dictionary
30,000 entries · ISBN 0-7818-0479-5 · $19.95pb

Beginner's Shona (Chishona)
ISBN 0-7818-0864-2 · $14.95pb

Shona-English/English-Shona Dictionary & Phrasebook
1,400 entries · ISBN 0-7818-0813-8 · $12.95pb

Somali-English/English-Somali Dictionary & Phrasebook
3,500 entries · ISBN 0-7818-0621-6 · $14.95pb

Swahili-English/English-Swahili Dictionary & Phrasebook
5,000 entries · ISBN 0-7818-0905-3 · $12.95pb

Swahili-English/English-Swahili Practical Dictionary
35,000 entries · ISBN 0-7818-0480-9 · $27.95pb

Wolof-English/English-Wolof Dictionary & Phrasebook
4,000 entries · ISBN 0-7818-1086-8 · $13.95pb

Yoruba-English/English-Yoruba Modern Practical Dictionary
26,000 entries · ISBN 0-7818-0978-9 · $35.00pb

Scholar's Zulu-English/English-Zulu Dictionary
25,000 entries · ISBN 0-7818-0255-5 · $22.50pb

*Prices subject to change without prior notice. To purchase **Hippocrene Books** contact your local bookstore or visit www.hippocrenebooks.com.*

www.ingramcontent.com/pod-product-compliance
Lightning Source LLC
Jackson TN
JSHW011356130125
77033JS00023B/715